禁じられた福音書

ナグ・ハマディ文書の解明

BEYOND BELIEF
The Secret Gospel of Thomas

エレーヌ・ペイゲルス
Elaine Pagels

松田和也 訳

青土社

禁じられた福音書　目次

禁じられた福音書——ナグ・ハマディ文書の解明

ケントに――愛を込めて

目に見えない世界がそこにある。そしてわれわれはその中に生きている

――ビル・ヴィオラ、ヴィデオ・アーティスト

凡例

［　］は原書引用文中の註を示す

〔　〕は訳者による註を示す

1章　主の晩餐からニカイア信経まで

二月の晴朗な日曜日の朝、ニューヨーク。Tシャツとジョギング・パンツの出で立ちに震えながら、私は一息ついて暖を取るために、ヘヴンリー・レスト教会のアーチ型の玄関をくぐった。教会になどもう随分足を踏み入れたことの無かった私は、そこで行なわれていた祈りに対する自分自身の反応に驚かされた——会衆と共に歌う聖歌隊の高揚するハーモニー。そして司祭、輝く金と白の衣装を着た女性が、明瞭かつよく響く声で、祈りを唱えている。しばらく眺めている内に、ある考えが浮かんだ——ここにあるのは、如何にして死と対峙するかを知るひとつの家族だ。

私が早朝のジョギングに出かけていたその日の朝、夫と二歳半の息子はまだ家で寝ていた。前の晩、私は恐れと不安で一睡も出来なかった。その二日前、コロンビア長老教会医療センター乳幼児病院の医師たちのチームが、一年半前に心臓切開手術を受けた息子のマークの定期検診を行ない、稀少な肺病の兆候を見出したのだ。この結果に衝撃を受けた医師たちは、さらに六時間に及ぶ精密検査を行なった末に初めて私たちを呼び、マークが肺高血圧症である、と告げた。「助かる見込みはありません」と彼らは言った。「あとどのくらい生きられますか」と私は訊ねた。「判りません。数ヶ月なのか、それとも数年か」。

翌日、医師のチームは、肺生検を受けさせる許可を求めた。これは非常な苦痛を伴う、侵襲的な「針やカテーテルなどを用い、体を傷つけて行なう」手技だ。「それをすれば良くなるんですか?」。彼らは答えた、「いや、良くはなりません。ただ、これによって病気がどの程度進行しているかが判ります」。マークは既に、前日の辛い検査で消耗し切っていた。息子を胸に抱きながら、もしもこれ以上、手術室の中でマスクをした見知らぬ人々が彼に針を突き立てるなら、彼の小さな心臓は悲鳴を上げ、そのまま息絶えてしまうだろう、と私は感じた。私たちは生検を拒否し、マークの毛布と衣類、それにピーター・ラビットを纏めて、彼を家に連れ帰った。

教会の奥に佇みながら、私は自分が、そこに来る必要があったのだ、ということに気づいた。不愉快な自覚だった。ここは、子供に悲しみを押しつけることなく泣くための場所だ。そしてここは、多種多様な人々が、歌い、儀式に参加し、共通の要求を認め、どうにもならないことや想像を絶することに対処するために集まる場所だ。それでも、そこで行なわれている儀式は希望を語っていた――おそらく、希望こそが死の臨在に耐えることを可能にしてくれる唯一のものなのだ。それまでの私は、ただ前日に聞いたこと、感じたことから目を逸らすことしかできなかったのだ。

私はその教会にしばしば顔を出すようになった。別に信仰を求めていたわけではない。ただ、祈りの儀式やそこに集まった人々を前にすると――そして、週日に教会の地下でお互いに励まし合うために集まる少人数の人々を前にすると――私の心の壁が崩れ、悲しみと希望の嵐が明らかになるのだ。その教会で私は新たな力を授かり、何度も何度も、自分たちを待ち受けているものに対して出来うる限り前向きに対処しようという決意を新たにすることが出来るのだった。マークのために。そして私たちみんなのために。

人はこう言うかも知れない、「あなたの信仰が、あなたにとって大いに力になっているんですね」。それは一体、どういう意味だろうか。信仰とは何だろう。私は決して、毎週その教会に集まる信者たちが唱えている特定の教義（「我らは唯一なる神、我らが全能なる父にして天と地の造り主を信ず……云々」）を信じているわけではない。その伝統的な声明は私にとっては、海上から聞こえてくるほとんど理解しがたい信号を深い海底で聞くようなものだ。だから私にとってはそれは、私たちが行なっている他人や自分自身、そして目に見えない存在——と言われているところのもの——との交流とはほとんど関係がないように思われる。私たちがそこに集まったのは、必要と欲求に迫られてのことだということを、私は痛いほど理解していた。それでも尚、私はときおり、このような親交が私たちを変容させる力を保ってくれていることを願わずにはいられない。

宗教史家である私は、その教会を訪れた時、いつ、そしてどのようにして、キリスト教徒であるということがその特定の教義を信ずることと事実上等価となったのだろうか、と考えた。歴史文献に親しんだ私は、キリスト教徒が自らの信仰を信経という形に纏めるよりも何世代も——敢えて言えば何世紀も——前に、キリスト教が過酷な弾圧を生き延び、繁栄したという事実を知っている。ばらばらの党派から統合された共同体への移行の発端に関しては、その痕跡はほとんど残されていない。使徒パウロは、イエスの死の二十年ほど後に「福音」（「すなわち、キリストが、聖書に書いてあるとおり私たちの罪のために死んだこと、葬られたこと、また、聖書に書いてあるとおり三日目に復活したこと」）[1]を「私も受けたものです」と宣言したが、一部のキリスト教徒が、たぶんローマにおいて、自らの党派の統合を図ったのはそれから百年以上後のことであった。その目的は、同じキリスト教徒でありながら、彼らが「偽りの教師」と見做すマルキオンの要求に対抗することにあり、そのために彼らは礼拝の中に公式の信仰表明を取り入れたのである。(2) だが、キリスト教の司祭が、ローマ皇帝コンスタンティヌスの命令によって、トルコの湖岸にあるニカイアにおいて、共通の信仰表明を了承する会議を開いたのは、ようやく四世紀、コンスタンティヌス自身がこの新しい信仰に改宗した——あるいは少なくともそれを解禁した——以後のことであった。この時に採用された信仰表明、すなわちニカイア信経こそ、今日に至るまで多くのキリスト教徒にとっての信仰を規定しているのである。

だが私は、その教会の階上や地下にいた人々、信者や懐疑派や探求者との出会いによって——そしてどの教会にも属していない人々との出会いによって、重要な宗教的体験の中には、私たちが信ずること(そして信じないこと)以上のものが含まれるということを知っている。キリスト教とは、そして宗教とは何なのか。そして、何故多くの人は、教会に属していようといまいと、また特定の信仰や行為に伴う困難をものともせず、宗教に惹きつけられるのか。キリスト教の伝統に関して、私たちが愛しているものとは——そして私たちが愛せないものとは何なのか。

火曜日の朝の私がそうであったように、キリスト教徒の集会に踏み入った部外者が惹きつけられるのは、霊的な力によって結びつけられた集団が、ある種の大きな家族のようになっていることだ。多くの人は、私と同様に、苦悩の内にここを訪れたに違いない。一文無しでやって来た人もいるだろう。ローマでは、医療神アスクレピウスの神殿に屯する病人は、薬草や運動、入浴、薬などについて神官に相談するとき、某かの金を支払うことになっていた。この神官はまた、訪問者を境内に宿泊させることもあった。そうすることで、アスクレピウスがその信者の夢枕に立つと言われていたのである。同様に、今生での加護と祝福、それに永遠の生命を求めてエジプトの女神イシスの秘儀への参入を求める者は、かなりの額の参入料を支払い、また礼服や供物、祭具などの購入にそれ以上の金を使った。

二世紀のガリア地方における重要なキリスト教徒の一派の指導者であったエイレナイオスによれば、多くの新参者が奇蹟を求めてキリスト教徒の集会所に集まり、そしてその一部は実際に奇蹟を体験した。「我々は手を当てることによって病人を癒し、悪霊を祓った」。悪霊とは、精神不安や苦悩を引き起こす破壊的エネルギーである。キリスト教徒は金を取らなかったが、エイレナイオスは聖霊の力に限界はないと考えていた。「我々は死者すら甦らせた。その多くは今も我々と共に生きて、完全な健康を保っている」(3)。

奇蹟を起こすことまでは出来ずとも、困窮した人々はローマ帝国内のほとんどどこででも、直ちに実際的な援助を受けることが出来た。当時の帝国の大都市——エジプトのアレクサンドリア、アンティオキア、カルタゴ、そしてローマそれ自体——は、現在と同様、世界中から集まった人々でごった返していた。これらの都市を取り巻く広大な貧民街の住人はしばしば、物乞いや売春、窃盗などによって生き延びようとしていた。だが二世紀のキリスト教唱道者テルトゥリアヌスによれば、他の集団や団体が祭礼のための布施や謝礼を集めていたのに対して、キリスト教の「家族」は自発的に金を共有資金に寄付し、路上やゴミ捨て場に棄てられた孤児たちを援助していた、という。キリスト教徒の集団はまた、鉱山で重労働させられたり、牢獄島に追放されたり、監獄に入れられたりしている囚人たちに食糧や薬を届け、親しく交わっていた。キリスト教徒の中には、本来なら城壁の外に屍体を投げ捨てられる貧しい者や罪人のために棺を買い、墓を掘ってやる者までいた。アフリカ生まれの改宗者であるテルトゥリアヌスは、エイレナイオスと同様、次のようなことを強調している——

［キリスト教徒の間では］神に属するものを売り買いすることはない。もしも信徒が望むなら、特定の日に、各人が小さな贈り物という形で行なうことはあるが、それはあくまでも当人がそうすることを望むならば、そしてそれを行なうことが出来るならばであって、決して強制はされない。全ては自発的に行なわれる。(4)

このような寛大さは、本来ならば自分自身の家族にしか期待できないものであっただろう。新参者の多くは、キリスト教徒集団への参入に伴う危険にもかかわらず、その寛大さに惹きつけられたのだった。社会学者ロドニー・スタークによれば、エイレナイオスの著述の少し前に、小アジアからイタリア、ガリアに至るローマ帝国の都市という都市、街という街で、疫病が猖獗を極めた。(5) 家族であるか否かを問わず、皮膚の炎症や膿疱を起こした人間を見れば、人は直ちに逃げ去る。何故ならその病に感染した者はほとんどが苦痛の内に死ぬからである。ある疫学者によれば、この疫病によって帝国の人口の三分の一から半数が死んだという。言うまでもなく、医師たちにも為す術はなく、彼らもまたこの致命的なウィルスからはただ逃げるしかなかったのだ。当時最高の医師であり、皇帝マルクス・アウレリウスの侍医であったガレノスですら、この疫病（後に「ガレノスの病」と呼ばれるようになる）が収まるまで田舎に引きこもり、ようやく難を逃れたのである。

だが一部のキリスト教徒は、自分たちにはこの病気を癒す神の力が備わっていると信じていた。異教徒の隣人たちは、彼らがその場に残って病人の世話をし、そして死んでいくのを見て衝撃を受けた。彼らは、たとえ自分自身が死なねばならないとしても、自分たちには死を克服する力がある、と信じていたのだ。ガレノスすら、これに感銘を受けている――

キリスト教徒と呼ばれる人々が……死を軽んじている様子は、毎日のように見ることが出来る。また、性的な事柄に関する彼らの自制心も然りである……また彼らの中には、その自己鍛錬において……飲食において、正義の冀求において、本物の哲学者に遜色ない水準に達している者もいる。(6)

何故にキリスト教徒は、このような異常な行動を取ったのだろうか。彼らは言うだろう、自分たちの力は、聖なる力との出会いに由来している――だがその力は、門前に市を成さしむる神殿を持つ神々、劇場や公衆浴場に神像の飾られる神々の力とは全く違うのだ、と。ユピテルやディアナ、イシスやミトラスは、捧げものを捧げ、葡萄酒を注ぎ、生け贄を行ない、神殿の神官に布施をすることを信者に要求した。これらの神は、人間と同様、私利私欲のために動くと考えられていたのだ。だがユダヤ教徒とキリスト教徒の信ずるところによれば、人類の創造主である彼らの神は実際に人間を愛しており、それゆえに人の心にも愛を呼び起こすのだという。イエスは、ユダヤ教の教えを次のように簡潔に要約している――「心を尽くし、精神を尽くし、思いを尽くし、力を尽くして、あなたの神である主を愛しなさい。

そして隣人を自分のように愛しなさい」[7]。神が要求したことは、人類が互いに愛し合い、助けの手を差し伸べること――たとえ相手が困窮した人々であったとしても、あるいはそのような人には、特に。

このような信念は、新しくラディカルな社会構造の実際的な基盤となった。ロドニー・スタークによれば、この新しい徳行が、初期のイエス信奉者や異教徒であるその隣人たちにとってどれほどの力を持っていたかを感じ取るためには、『マタイによる福音書』の以下の件を「生まれて初めてのように」読んでみるとよい、という[8]。

お前たちは、私が飢えていたときに食べさせ、のどが渇いていたときに飲ませ、旅をしていたときに宿を貸し、裸のときに着せ、病気のときに見舞い、牢にいたときに訪ねてくれた……はっきり言っておく。私の兄弟であるこの最も小さい者の一人にしたのは、私にしてくれたことなのである[9]。

このような訓辞を、例外なく実行することはほとんど不可能だっただろう。だがテルトゥリアヌスによれば、彼の言う「特異なキリスト教徒の社会」の成員は人々の耳目を集めるほど徹底してそれを行なっていた。「敵どもの眼に、われらの特徴として映るのは、われらの慈愛の実践であった。『見るが良い』と彼らは言った、『彼らがどれほどお互いに愛し合っているかを！[10]』」。

またテルトゥリアヌスによれば、異教徒はキリスト教徒が「互いを兄弟姉妹と呼び合う」ことを嘲笑したという。だが、彼の『キリスト教徒の弁明』によれば、「神の家族」の成員は、人間の家族全体が相互に関連し合っていることを信じている。であるから、「我々はまた諸君らの兄弟姉妹でもある。

我々の共有する母なる自然の法則によって」。だが――

お互いに兄弟姉妹と呼び合うのは、神こそが父であるということを知り、同じ無知の子宮より、苦悩によって澄明なる真実の光の下に出でた者の方がより適切であろう。[11]

ここで言及される「苦悩による誕生」とは、洗礼を意味している。というのも、神の家族の一員となるためには、人は――象徴的に――死に、そして新たな人とならねばならないからである。使徒パウロによれば、「私たちは洗礼によってキリストと共に葬られ、その死に与るものとなりました。それは、……私たちも新しい命に生きるためなのです」[12]。多くのキリスト教徒にとって、これは全ての家族の絆を断ち切る苦悩の行為であった。テルトゥリアヌスは、非キリスト教徒の家族が、この非合法なセクトに入った者を拒絶した様子を書き残している。

夫は……妻を家から追い出す。父は……息子を勘当する。主人は奴隷を追放する。誰にとっても、この忌わしき名［キリスト教徒］に改まることは大罪なのだ。[13]

何故に「大罪」なのか？　何故なら、その親族の眼から見れば、キリスト教に入るということは犯罪者のカルトに入ることに他ならなかったからである――当人にとっては自殺行為であり、残された家族にとっては禍い以外の何ものでもなかった。キリスト教徒を迷信の徒として軽蔑したローマの元老院議員タキトゥスは、ある意味でテルトゥリアヌスの意見に同意するだろう。テルトゥリアヌス曰く、部外者にとっては、キリスト教に改宗した者は「公共の利益の敵、神々の敵、公衆道徳の敵となり」、愛国的かつ信心深いローマが聖なるものと見做すあらゆるものの敵となる。(14)テルトゥリアヌスは、西暦二〇二年の夏、彼の故郷であるアフリカの都市カルタゴで起こっていた出来事を知っていた。そこでは、新婚で幼い息子の母であるウィビア・ペルペトゥアという名の二十二歳の貴族女性が、他の四人の若者と共に洗礼を受けることを決意していた。その四人の内、少なくとも二人は奴隷だった。執政官が、汝はキリスト教徒なりや、と訊ねると、彼女は然りと答えた。彼女は逮捕され、投獄され、仲間の信者と共に闘技場で獣に喰い殺される刑を宣告された――通常は奴隷にのみ適用される処刑法である。

ペルペトゥアは白髪の貴族である父親が牢獄に彼女を訪ねてきた時の様子を日記に記している。

「私どもが捕らえられたとき、わが父は、私への愛ゆえに、私を説得して私の決意を放棄させようとしました。『父上』、と私は申しました。『この水差し、もしくは容器、もしくはそのような何かが御覧になれますか』。『ああ、見えるとも』と父はお答えになりました。『これを、それ以外の名でお呼びになれますか』と訊ねますと、父は『出来ぬ』とお答えになりました。『私も、それと同じことなのです。私はそれ以外の名、すなわち〈キリスト教徒〉以外の名で呼ばれることは出来ぬのです』」。(15)

ペルペトゥアによれば、彼女が家名を拒絶したために、「父上は大層お怒りになり……今にも私の眼をえぐり出しそうな勢いになりました。ですがそれ以上は何も仰らず、出て行かれました[16]」。数日後、今度こそ娘が言うことを聞き入れてくれるかも知れないという希望を抱いて、「父上が街からお越しになりました。心労でお疲れのご様子でしたが、私を説得しにお出でになったのです。苦悩の色を満面に浮かべつつ、父上は仰いました、『娘よ――

この私、お前の父を憐れんでおくれ、もしも私がお前の父と呼ばれる資格があるならば。私がお前のことを、息子たちの誰よりも愛してきたのならば。……私を人々の嘲笑の的にしないでおくれ。兄たちのことを、母上と叔母上のことを考えておくれ。お前の子供のことを考えておくれ。あの子はお前なしにどうやって生きていけるだろう。思い上がりもたいがいにしろ！　お前は私たち全員に破滅をもたらそうとしているのだぞ！　お前の身に何かがあったら、もう私たちは二度と自由に口を利くことも出来なくなるのだ[17]』」。

ペルペトゥア曰く、「私への愛ゆえに、父上はこのように仰って、私の手に口づけし、それから私の前に身を投げ出されました。目に涙を溜めて……そして大いに嘆き悲しみながら立ち去られました[18]」。その後、総督が囚人を尋問する日、父親は彼女の幼い息子を連れてきて、彼女に嘆願した。「総督は、父上を地面に這い蹲らせ、鞭で打つように命じられました。私は申し訳なく思い、父上と代って差し上げたく思いました。お歳を召した父上が斯様な目に遭っておられるのを悲しく思いました[19]」。だがペルペトゥアは、もはや自分は神の家族に属していることを信じており、その光景にも心を動かされることはない、と宣言した。皇帝ゲタの誕生日、彼女は牢獄を出て、粛々と円形闘技場に連行された、「神に愛された者として……その情熱的な眼差しで、全員の視線をはねつけながら[20]」、彼女の新たな親族、姉妹となった奴隷のフェリキタスや、兄妹となった奴隷のレウォカトゥスらと共に死を迎えるために。

つまり、「キリスト教という奇妙な集団」に入るためには、自分自身の家族を、その価値観も習慣も引っくるめて放棄しなければならない。西暦一四〇年頃にローマで洗礼を受けた「哲人」殉教者ユスティニアヌスは、自分自身を「誤った行いと邪悪な習慣の中で育てられ[21]」、歪んだ価値観を受け入れ、悪霊を神として崇拝するようになってしまった者、と考えるようになったという。彼は自分や仲間たちが不品行、魔術、欲望、富、人種差別を放棄するに至った道をこのように述べる――

様々な種族の出である我々は……不品行に悦びを見出すことに慣れていたが、今や純潔だけを奉じている。我々は、かつては魔術に頼っていたが、今では善なる神にのみ全身全霊を捧げている。我々はかつては富と財産の獲得に何よりも価値を置いていたが、今では持てるものの全てを共有とし、困窮する人々と分かち合っている。我々はかつて他人種を憎み、殺し、そして習慣の違いゆえに他の部族との共存を拒んでいたが、今や彼らと親密に暮らしている[22]。

ユスティニアヌスは言う、「我々の教えを信じ、賛同した」改宗者は誰であれ、生まれ変わった人間として生きることを誓うと。

過去についての考えを変え（これがラテン語の paenitentia〔回心〕の意味するところである）ることによ

って初めて、改宗者は自らの罪穢れを洗い清める洗礼の「沐浴」を受けることが出来る。改宗者はしばしば、川辺で凍えながら衣服を脱ぎ、水中に入り、濡れそぼった裸体で水から上がる。すなわち、「再び生まれる」のである。そしてローマのあらゆる新生児が、まずは認知を受けるために——受けられない場合もあるが——父親の前に出され、その後にようやく家族の一員として抱擁されるように、新たに洗礼を受けた者はまず「万物の父なる神」の前に出される。今や、もはや以前のように苗字で呼ばれることのなくなった改宗者は、伝授者の唱える「万物の父」、イエス・キリスト、そして聖霊の名を聞く。そして新たな衣に包まれ、キリスト教徒として生まれ変わった者は、新生児の食物である乳と蜜の混ぜものを与えられ、「われらが兄弟姉妹と呼ぶものたち」のところに連れて行かれ、口づけを交わす。そこに集まった共同体の人々は新参者を招いて聖体拝領《エウカリスティア》（元来の意味は「神に対する感謝」）のパンと葡萄酒を分かち合う。ユスティノスによれば、信徒たちは洗礼を『照明《イルミナティオ》』と呼ぶ。何故ならそれを受けた者は誰であれ、悟性の光に照らされるからである」(23)。このシンプルな日常的行為——古い衣服を脱ぐ、沐浴する、新しい衣服を着る、パンと葡萄酒を分かち合う——が、イエスの信徒にとっては、強力な意味を担うのだ。

何十年もの空隙の後に、ときおり教会の勤行に参加するようになって、私は祈りの持つ力を新たに再認識するようになった。私は名目上はプロテスタントとして育てられたが、宗教儀式などは空虚な形式だけのものだと考えていた。だが今の私は、それが様々な文化や思想を持つ人々をひとつの共同体へとまとめ上げ、彼らのエネルギーを集め、更新する力を持っているということを見た。だが、このような効果以外に、このような行為は、そしてこのような共同体に加わるということはどんな意味を持っているのだろうか。これらの問いは、簡単に答えが出るようなものではない。多くの人が、「初期キリスト教徒」全員が共有していた唯一かつ決定的な意味を導き出そうと試みてきたが、一世紀の資料を見る限り――そのほとんどは「新約聖書」にある――、そのような考え自体が誤りである。[24] 様々な党派が、洗礼に対して全く異なった解釈を与えていた。そして、「主の晩餐」を祝うために共にパンを食べ、葡萄酒を飲んだ人々も、しばしばその崇拝の意味をたったひとつの解釈のみに限定するということをしてはいなかった。

たとえば、最古の資料のひとつである『十二使徒を通して諸国民に与えられた主の教訓』を見ると、初期のイエス信徒の特定の党派は、自分たちのことを「キリスト教徒」――すなわち私たちの考えるところの、ユダヤ教徒とは別物の「キリスト教徒」――とは考えてはおらず、むしろ「神の民」と考えていたのである――その意味するところは、イエスを神の律法、すなわち『トーラー』の偉大な解釈者として崇拝するユダヤ教徒、である。この文書は「新約聖書」の『マタイ』や『ルカ』よりも十年も前にシリアで書かれたもので、[25] 一般には『ディダケー（ギリシア語で「教え」の意味）』と呼ばれている。まず冒頭に神の律法の簡潔な要約と、いわゆる「黄金律」の否定形のヴァージョンが置かれている。「命の道とは次のようなものである。第一に、汝を創造された神と、汝の隣人を汝自身のように愛せよ。己の欲せざることを、他者に為すべからず」。[26]『ディダケー』の引いている他の箴言は、おそらく十年ほど後に書かれた『マタイ』と『ルカ』もまた、イエスの言葉としているものである。

汝を呪う者を祝福せよ。敵のために祈れ……汝を憎む者を愛せよ。……右の頬を打たれたら、左の類も差し出せ。……求める者には与えよ、拒む事なかれ。

――だが『ディダケー』の編集者は、「新約聖書」には書かれていない賢明な付加を施している。「だが、自分が金を与えようとしている相手が何者か判るまでは、しっかりと手の中に握っておけ[27]」。

斯くして『ディダケー』は、「命の道」の要求するところを述べていくが、それは「モーセの十戒」と「イエスの山上の垂訓」を混ぜ合わせたものである。そして敬虔なユダヤ教徒の多くがそうであるように、『ディダケー』の著者はこれらの箴言に道徳的警告を追加しているが、それは当時の人々が異教徒が日常的に犯している罪と見做していたものに向けた警告に類似している。その罪の中には、子供（しばしば奴隷の少年）とのセックス、堕胎、嬰児殺しなどが含まれている。

汝殺すなかれ。汝姦淫するなかれ。年若き少年たちと性交するなかれ……魔術を行なうなかれ。堕胎を行なわしむるなかれ。産まれたる子を殺すなかれ……貧しき者を見捨つるなかれ[28]。

次に、「死の道」に従わないよう警告を発した後に――「死の道」とは、「貧しき者を顧みず、苦しむ者を抑圧し、貧しき者を不正に裁く……富の唱道者」の道である――著者は、『マタイによる福音書』のイエスのように、「全き者」であれ、と促す。だが『マタイ』とは異なり、『ディダケー』の説く「全き者」とは、「主の軛の全てを担う者」――すなわち、全ての聖なる律法に従う者である[29]。さらに、やはり『マタイ』とは違って、この名もなきイエスの信徒はより現実的な文言を付け加えている。「仮に

［全き者に］なれないならば、自分に可能な限りのことをせよ」。

歴史学者ジョナサン・ドレイパーによれば、『ディダケー』の初期のヴァージョンのひとつから判断すると、当時のシリアにはユダヤ教共同体の生き方に留まったままのイエスの信徒集団がいたという。この集団にとっての洗礼とは、当時の、そして現代のユダヤ教徒にとってのそれと同じものとして理解されていた——すなわち、神の民であるイスラエルへの参入を求める異教徒（諸国民）を浄化する「沐浴」である。ドレイパーによれば、この古くかつ影響力のあった手引き書のポイントとは、如何にすれば非ユダヤ教徒が神の民の一員となれるかを示すことにあった——すなわち、まさにその標題である『十二使徒を通して諸国民に与えられた主の教訓』に規定されているように。[30]『ディダケー』はこれら諸国民に対して、ヘブライ聖書に記された「命の道」をイエスの解釈に従って説明する。そして、その「道」に従おうと欲する諸国民に洗礼を与え、彼らもまた来たるべき神の御国の祝福に与る方法を示すのだ。

最後に『ディダケー』は、洗礼の前に断食と祈祷を行なった新参者は既に、この簡素なパンと葡萄酒の食事を分かち合うことが、「父なる神」と「そのしもべ（ギリシア語の pais は「息子」とも訳すことが出来る）イエス」を崇拝するために集まった人間の家族の絆であることを学んでいるはずである、と告げる。そして「パンを共に裂く」ことによって、神の民はかつてばらばらに散らされ、その後にひとつにまとまった民に神がもたらした道を祝う。

このパンが山々の上に撒き散らされていたのが集められてひとつとなるように、あなたの民が地の果てからあなたの御国へと集められますように。[31]

この祈りの斉唱は——一部のキリスト教徒は今日でも唱えている、古代アラム語のフレーズで——間近に迫った主の到来を呼びかけて終わる。「恵みが来ますように。この世が過ぎ去りますように。……マラナ・タ！［わが主よ、来ませ！］アーメン」[32]。ドレイパーの分析によれば、これらはイエスを「神のしもべ」として崇め、彼の到来が時の終わりにおけるイスラエルの再建を示すものと信ずるユダヤ教徒である。

だが、それ以外の初期のイエス信徒は、それ以後の大多数と同様に、聖餐に対してかなり異なる——そして薄気味悪い——見方をしていた。すなわち、それは人の肉を喰い、人の血を飲むことだと。イエスの死の僅か二十年後、パウロはイエスその人がこれを行なうように信徒に命じた、と宣言した。パウロは『マルコ』『マタイ』『ルカ』と同様に、あの夜にイエスが裏切られた次第を語る。

一同［弟子たち］が食事をしているとき、イエスはパンを取り、賛美の祈りを唱えて、それを裂き、弟子たちに与えて言われた。「取りなさい。これは私の体である」。また、杯を取り、感謝の祈りを唱えて、彼らにお渡しになった。彼らは皆その杯から飲んだ。そして、イエスは言われた。「これは私の血である」[33]。

テルトゥリアヌスは、この行為に対する異教徒の反応を嘲って言う、「我々が遵守する儀式においては、我々は小さな子供を殺して喰うと非難されている」[34]。さらに言う――

まさしく［キリスト教徒］はこう言うのだ、「まだ非常に幼く、死の意味を知らず、ナイフを見ても微笑んでいるような子供を用意せねばならない。それと、流れ出す血を集めるためのパンを。……さあ、ナイフを子供に突き立てるがよい……もしくは、それを他者の手に委ねるなら、いたいけな子供が殺される様子をただ眺めるがよい。……新鮮な若い血を採り、それにパンを浸し、好きなだけ喰うがよい[35]」

この皮肉にも関わらず、テルトゥリアヌスはキリスト教の「秘儀」が――たとえ象徴的にではあれ――新参者に人間の肉を喰わせるという衝撃的な事実を払拭することは出来なかった。異教徒は、新参者に葡萄酒を人間の血として飲ませるという行為に嫌悪感を抱いただろうが、特に敬虔なユダヤ教徒にとっては、清浄食《コシェル》の規定によって食物から全ての血を抜くこととされているので、その嫌悪感はただならぬものがあっただろう[36]。

だが、まさにその当時、多くのユダヤ教徒や異教徒たちは、聖体拝領を典型的な古代カルトの儀礼と見做していたかも知れない。「哲人」殉教者ユスティノスの懸念は、異教徒がこれらの儀礼を見下し、キリスト教徒は単に秘教と称する異国のカルトで日常的に行なわれていることを模倣しているに過ぎない、と決めつけることであった。ユスティノスによれば、確かに種々の「悪魔」――すなわちギリシア、ローマ、エジプト、小アジアの神々――の神殿においても、しばしば新参者は洗礼に似た「沐浴」を求められ、ペルシアの太陽神ミトラスやギリシアのディオニュソスらもまた、「「イエスと」同じことを命じた」――それも、聖餐の儀式において彼らの神の「肉を喰い、血を飲むこと」までも。[37] だがユスティノスによれば、このような類似点に見えるものは、実際にはキリスト教の儀礼の模倣なのであって、それは「人類を欺き、惑わすことによって」[38] キリスト教カルトが他の秘教カルトと何ら変わりないものと思い込ませようとする悪霊の陰謀なのだ。もしもユスティノスが、四世紀以降、キリスト教徒が新しい祭を――すなわちイエスの誕生日を――一二月二五日に祝うことになるということを予知していたら、彼の懸念はいや増したかも知れない。その日は太陽神ミトラスの誕生日であり、衰えていた太陽が再生し、昼の時間が長くなる冬至の季節に当たっているのだから。

　だがイエスの信徒は、秘教カルトよりもむしろ、ユダヤ教の伝承に依拠しようとしていた。というのも彼らには、取り組まねばならない現実的な――そして困難な――問題があったからである。すなわち、もしもイエスが神のメシアであったのなら、何故に彼はあのような忌わしい死に方をしたのか。パウロ自身、この問題に悩まされた。他の多くの人々と同様、彼もまた磔刑の事実と、イエスが聖なる使命を負っていたという彼自身の信仰との調停を図るために苦悩していた。イエスの死後数十年の間、イェルサレムにいたイエスの信徒の中には、ユダヤ教の伝統に基づき、ちょうど神殿において生け贄が捧げられるように、イエスもまた生け贄の捧げものとして死なねばならなかったのだ、と説く者がいた。そして、山羊や羊、牛などを生け贄にする目的で育て、その後に屠体を喰うように、この人間の生け贄の御利益は、その生け贄の屠体を象徴的に「喰う」ことによって得られるのかもしれない、と説く者もいた。その聖餐の中心にイエスの死のドラマを置くことによって、信徒たちは傍目には完全な破滅にしか見えないもの――パウロの言う「醜聞」[39]――を、宗教的パラドクスに変容せしめたのだ。人間の挫折の最深部においてこそ、神の勝利を見出すことができるのだ、と彼らは主張した。[40]

このように考えれば、イエスの逮捕、受難、そして死は、単なる禍いとは言えない、と彼らは主張した。絶望のあまり「私たちは、あの方こそイスラエルを解放してくださると望みをかけていましたのに」[41]と嘆く弟子からこれらの出来事を聞いた者は、それによって彼らは全ての希望を打ち砕かれたことだろう、と考えたかも知れない。だがそうではなかった。『マルコ』は言う、弟子のひとりは、イエスを捕らえに来た連中相手に剣を取って戦い、傷を負わせたが、その後は他の者と同じく敗走してしまった。だがイエスが捕らえられたのは、弟子たちに彼を守るために戦う気概が欠けていたからではない。むしろイエスは、それが何らかの意味で「必要」[42]であると認識していたからこそ、自ら恐るべき死へと向かったのである、と――だが、一体何のための「必要」なのか。

『マルコ』は、イェルサレムにいたイエスの信徒の一部が主張し始めていたことを繰り返している――すなわち、イエスは自己の死を予知し、自ら自分自身を生け贄として捧げたのだ、と。『マルコ』は言う、イエスは弟子たちにパンを与えながら、「取りなさい。これは私の体である」[43]と言った。また弟子たちに葡萄酒を与え、「これは、多くの人のために流される私の血、契約の血である」[44]と言った。『マタイ』は「贖罪」という主題を明確化するため、『マルコ』の記述に意図的な付加を行なっている。「これは、罪が赦されるように、多くの人のために流される私の血、契約の血である」[45]。マルコもパウロも、それぞれのやり方で、契約を承認する犠牲の血のイメージを含んでいる。マルコはモーセの契約に遡り、モーセが犠牲の雄牛の血を民の上に振り掛け、「見よ、これは主がこれらの言葉に基づいてあなたたちと結ばれた契約の血である」[46]と述べたことを念頭に置いている。そこでマルコは、イエスが「私の契約の血」と呼ぶものを流すことを予期していたのだ、と示唆する。[47]だがパウロは、モーセの契約に遡る代わりに、エレミヤが預言した、新たな――そしてより良い――契約を期待する。

見よ、私がイスラエルの家、ユダの家と新しい契約を結ぶ日が来る、と主は言われる。この契約は、かつて私が彼らの先祖の手を取ってエジプトの地から導き出したときに結んだものではない……私の律法を彼らの胸の中に授け、彼らの心にそれを記す。私は彼らの神となり、彼らは私の民となる。彼らはすべて……私を知る。……私は彼らの悪を赦し、再び彼らの罪に心を留めることはない。[48]

斯くしてパウロは、イエスが弟子たちに葡萄酒を授けながら、「この杯は私の血による新たな契約である」と言った、と書き記す。[49]

イエスが実際にそんなことを言ったのかどうかは定かではない。何かそういうようなことを述べたはずだと信じる歴史家もいれば、彼の弟子たちが何とか事態を受け入れたいあまりに、イエスの「最後の晩餐」を再演し、この極めて強力な言葉を作り出していったのだ、と見る歴史家もいる。いずれにせよ、ユダヤ教の伝承には、パウロ、マルコ、マタイ、そしてルカがその物語の様々なヴァージョンに組み込んだ犠牲に関連するものが豊富にある。[50]既に見たように、その過程で、聖餐の持つ意味は単一の意味から様々な意味の複合へと成長して行き、極めて豊潤かつ複雑なものとなった。小アジアからローマまで旅した（一五〇年頃）ユスティニアヌスは、旅の途上で見た二世紀のキリスト教徒の様々な党派が実際に行なっていたことを書き記している。

太陽の日、都に住む者、田舎に住む者がひとつの場所に集まり、使徒たちの記録や預言者たちの文書が読まれた……それから我々は立ち上がって祈り、それから……パンと葡萄酒が「イエスの言いつけ通り、皆で分かち合うために」用意された。(51)

今日に至るまでキリスト教徒は、特にその崇拝の中心を聖体拝領に置いていない者ですら、イエスの死の解釈こそが——それが犠牲であったかどうか、そしてどのような犠牲であったのか——自らの信仰理解に大きな影響を与えていることを知っている。

犠牲として見るならば、その食事は単に許し及び神との新たな関係を示すのみならず、過越の小羊と同じく、神による救済をも表すことになる。ゆえにパウロは、過越祭の前の小羊の屠殺を思い起こし、「キリストが、私たちの過越の小羊として屠られたから……過越祭を祝おうではありませんか」と称して、信者を「主の晩餐」に招く。(52) マルコは実際に過越祭を受難物語の中に組み込み、イエスと弟子たちの最後の晩餐は過越祭そのものであった、と説く——イエスは周到に、というよりもほとんど奇蹟のように、弟子たちをその準備の場に導いた。(53) ルカとマタイはそれぞれ、マルコ版の物語を拡張する。ルカによれば——

「弟子たちは」過越の食事の用意をした。時間になったので、イエスは食卓につかれ、使徒たちも共に席についた。イエスは彼らに言われた、「私は苦しみを受ける前に、あなたがたとこの過越の食事をしようと、切に望んでいた。あなたがたに言って置くが、神の国で過越が成就する時までは、私は二度と、この過越の食事をすることはない」[54]。

ルカとパウロによれば、イエスは単にパンと葡萄酒を祝福したばかりでなく、信徒たちに「私の記念としてこのように行ないなさい」[55]と命じている。つまり、ちょうど過越の祭が、神がモーセを通じてイスラエルを解放した次第を思い起こさせるように、この「過越祭」を祝う者は、神がイエスを通じて選民を解放するということを思い起こすことになる。

ヨハネは、このイエスの最後の日々の出来事の順序を変えている。とはいえヨハネは、パウロやルカと同様――あるいは、それ以上に――イエスの死と過越祭を結びつけることを目論んでいた。とまれ、ヨハネ曰く、「過越祭の前に」[56]イエスは最後の食事を弟子たちと共にする。すなわちその食事は過越を祝うものではあり得ない。ヨハネによれば、この最後の晩餐の際、イエスは弟子たちの足を洗った――そしてその行為を、何百万というキリスト教徒、ローマ・カトリックやギリシア正教から、バプテスト派やモルモン教に至るまでが、もうひとつの秘蹟としている。だがヨハネは、パウロやマルコ、ルカやマタイらの記述に基づいてキリスト教の礼拝となった「最後の晩餐」の物語を語らない。ヨハネは言う、イエスはその前夜――木曜日――に逮捕され、翌朝、裁判に引き立てられたと。

イエスが過越の小羊となったと信じていたヨハネは言う、「その日は過越の準備の日であって、時は昼の十二時ころであった」[57]――すなわち金曜日、過越の小羊を準備する日に、イエスは死刑を宣告され、拷問を受け、磔にされた。ヨハネ版のイエスの死の細部は全て、イエス自身が犠牲の小羊となったという彼の信念を劇化するものとなっている。[58] そこでヨハネは、イエスが犠牲の小羊と同じく過越祭の第一日目の日没前に死んだということを示すために、ひとりのローマ兵がイエスの死を確認するためにその脇腹を槍で貫いた、と書く。ヨハネ曰く、この時、「その脇から血と水とが流れ出た」[59]。この生理学的記述は、イエスの信徒たちが水で割った葡萄酒を「彼の血」[60]として飲むようになった理由にもなっている。さらにヨハネは、イエスの死を確認した兵士たちが彼の足を砕くのをやめた、と述べ、『出エジプト記』にある、犠牲の小羊の準備においては「その骨を折ってはならない」[61]という句を引用する。ヨハネにとっては、『出エジプト記』の指示は預言となったのだ。そこで彼は宣言する、「これらのことが起こったのは、『その骨は砕かれないであろう』との聖書の言葉が、成就するためである」[62]。

ヨハネは最後の晩餐の話自体は省略しているが、イエスが弟子たちに自分の肉を喰い、血を飲むように言った、とは述べている——彼によればそれは、「ユダヤ人」を憤慨させる指示だった。その中にはイエス自身の弟子たちも多く含まれていた——

> イエスは彼らに言われた、「私は天から下ってきた生きたパンである。それを食べる者は、いつまでも生きるであろう。私が与えるパンは、世の命のために与える私の肉である」。
>
> そこで、ユダヤ人らが互に論じて言った、「この人はどうして、自分の肉を私たちに与えて食べさせることができようか」。
>
> イエスは彼らに言われた、「よくよく言っておく。人の子の肉を食べず、また、その血を飲まな

ければ、あなたがたの内に命はない……私の肉はまことの食物、私の血はまことの飲み物である」。弟子たちのうちの多くの者は、これを聞いて言った、「これは、ひどい言葉だ。だれがそんなことを聞いておられようか」[63]。

だが、これらのイメージの奇怪さにもかかわらず——そしておそらくはその奇怪さゆえに——「新約聖書」の中で描かれる最後の晩餐の物語の全ては、パウロ、マルコ、マタイ、ルカのいずれも、これを一種の「死の祭祀」と見做している——未来への希望を見据える「死の祭祀」であるが。ゆえにパウロは宣言する、「だから、あなたがたは、このパンを食し、この杯を飲むごとに、それによって、主が来られる時に至るまで、主の死を告げ知らせるのである」[64]。

そして多くのキリスト教徒は、他の退屈な解釈——たとえば『ディダケー』にあるものなど——よりも、この強烈なイメージを好んだように見受けられる。何故なら、後の世代は「新約聖書」の中に、肉を喰い、血を飲み、死んで甦る物語を採用したのだから。だが、磔刑が日常的に行なわれていた数百年の間は、イエスの信徒はローマのカタコンベの壁に希望の象徴として十字架を——ましてや、磔刑図を——描くことはなかった。その代り彼らはそれを、かつて死から甦り、ついで他者を救う人物として描き出したのである。たとえば獅子の洞穴から逃れるダニエル、鯨の腹から救い出されるヨナ、そして屍衣を解かれ、墓から歩み出るラザロなどである。一九四五年に上エジプトのナグ・ハマディで発見されたグノーシス福音書のひとつである『ペトロの黙示録』はさらに進んで、イエスを「十字架の上で喜び、笑う」[65]輝ける存在として描き出す。さらに、後に詳述するが、やはり「異端」の文書である『ヨハネ言行録』のイエスは自ら聖餐式を行ない、弟子たちは「十字架の輪舞」なる秘儀的な聖歌を歌い踊る。[66]

つまり、イエスの死から数十年の内に、彼の物語は弟子たちにとって、ちょうどユダヤ人たちにとっての『出エジプト記』のようなものになったわけである――単なる過去の出来事の叙述ではなく、それを通じて彼ら自身の苦闘と勝利、受難と希望を説明しうる物語である。イエスと弟子たちに、過越の日に毎年集まって『出エジプト記』の物語を演じる伝統があったように、信徒たちはイエスの死後、復活祭の日に集まってイエスの物語の重大な日を演じたのだ。つまり、マルコがイエスの物語を語るとき、彼は同時にそれを、いわば信徒たちが演じるべきドラマとして提供している。マルコがその福音書をイエスの洗礼の場面から開始しているのは、既に見たように、全ての新参者の体験は洗礼から始まるからである――つまり水に浸され、神の家族の一員として「生まれ変わる」のだ。そしてマルコの記述が「イエスが裏切られた夜」の出来事を以て終わっているように、洗礼を受けた者は毎週集い、その聖餐の中に、その夜の彼の言動を再演する。

この対応関係は疑いなく、マルコの福音書――後にマタイおよびルカによって拡充される物語の最もシンプルなヴァージョン――が「新約聖書」における正典福音書の基盤となった理由を説明している。『出エジプト記』が過越祭の筋書きとなったように、マルコの語る物語はキリスト教の洗礼と聖餐の儀礼の筋書きとなった。[67] 洗礼を受け、毎週の――あるいは、毎日の――集いに参加して「主の晩餐」に与ることによって、参加者は自らイエスの生と死と復活の物語を、自らの人生の中に織り込むのだ。[68]

となれば、これこそ、私がヘヴンリー・レスト教会の入口に立ったときに漠然と気づいたものだ。そこで演じられていたドラマは、あたかも「その時の私のため」のものであるかのように感じられた。それは時代を超えた数千万という人々にとっても同様だっただろう。何故なら、それは自ずから恐怖と悲嘆と死の存在を認めつつ――逆説的だが――希望を涵養するからである。四年後、息子が六歳で急死した。とうてい乗り越えられそうにない深淵を渡るために集まった家族と友人たちに、ヘヴンリー・レスト教会は庇護と聖句と音楽を下さった。

このような集まりは、喜びを分かち合うこともある――誕生や結婚の祝い、あるいは単に、パウロの言う「交流《コミュニオン》」(69)のように。このような礼拝は、参列者の経験の数だけ、意味のスペクトラムを屈折させる。たとえば暴力行為を悔いている者は解放と許しへの希望を見出すかも知れないし、艱難に苦しむ者は、その艱難が神に知られ――のみならず、共有されているという信仰によって慰めを得るかも知れない。おそらく、聖餐をお互い同志、及び神との「交流」として体験するのが最も一般的だろう。そんなわけで、パウロが「キリストの身体」と言うとき、それはしばしば信者たちの集合的な「総体」を意味している――曰く、「ユダヤ人もギリシア人もなく、奴隷も自由人もなく、洗礼を受けてひとつの身体となった。皆同じ霊の飲み物を飲んだ」(70)。

だが四世紀以降、このような聖体拝領《コミュニオン》への参列者に対して、神とイエスに対する複雑な一連の信仰の告白が強要されるようになった――四世紀の司教たちが作り出した旧いキリスト教信経である。無論、それに何の抵抗も覚えない者もいた。だが私自身を含めて多くの者は信経の意味を深く考えた。自分たちが何を信じているのかを深く考えたように（イエスは「神のひとり子、永遠なる父の子」であるとか、「聖なる公同かつ使徒的なる教会を信ず」という時、それは何を意味しているのか）。詩を解する者は、この信経が神とイエスを讃える朗々たる詩であることがわかるだろう。確かに、歴史家としての私は、これらの信経が伝統の中に取り入れられていった経緯を知っているし、最初のキリスト教徒皇帝であるコンスタンティヌスが、これらの信経を作り——そして強制することによって、対立する諸宗派や宗教指導者たちの坩堝のような四世紀において、それらを統合し標準化するのに有効であると考えたことも評価できる。だが、キリスト教運動の起源を知っている今日の私たちの眼には、そのような信仰の強制はどう写るだろうか。

既に見たように、これらの信経が書かれるまでの三百年近くの間、キリスト教諸宗派はさまざまなやり方で新参者を迎えていた。『ディダケー』を信奉する派は、モーセと「神の子」イエスの教えた「生き方」を守ることを要求した。現在では「教会教父」のひとりと考えられている哲人殉教者ユスティノスが最も強調したのが、異教の神々は偽りであり、唯一真正なる神と「神の子イエス・キリスト」を認めるということであり——そして真に重要なのは、「神の民」の価値観を受け入れ、実践することであった。ゆえにユスティノスは言う、「我らは、［まだイエスの教えを受け入れてはいないが］それに従って生きることが出来ると約束した者を洗礼する」と。(71) 多くのキリスト教徒を、むしろ信仰以上に支えているのは、物語である。とりわけ、イエスの誕生と洗礼、説教、死、復活に関する物語だ。さらに、驚くべきグノーシス福音書——イエスとその弟子たちに帰される、いにしえの秘密の福音書や黙示録の宝庫——の発見によって、これまでに知られていたよりも遥かに、キリスト教諸宗派の間には幅があったことが判明した。(72) 後に特定の指導者たちによって「異端者」と断罪されることになるものの、これらのキリスト教徒の多くは自らを「信者」というよりも「探求者」と見做していた——すなわち「神を探求する者」である。

ヘヴンリー・レスト教会のおかげで、私は自分が宗教的伝統を、なかんずくキリスト教を愛していることに気づかされた――そして、それが如何に我々に強い影響を及ぼし、またおそらく我々を変容させるかを。同時に、学者としての私は、ナグ・ハマディ文書の見地から見たキリスト教の歴史を研究しており、そしてこの研究によって、自分が愛することのできないものが何なのかも明らかになった。それはキリスト教を、公に認められた単一の信仰――実際にはそれぞれの教会によって大幅に異なっているのに――にしてしまおうとする傾向であり、キリスト教の信仰だけが神への唯一の道であるとする考えである。

今や、学者たちがナグ・ハマディ文書を、ちょうど複雑なパズルの新たなピースのように、伝統的知見のすぐ隣に嵌め込もうとしている。近年に至ってようやく広く知られるようになったこの驚くべき文書は、私たちの知るキリスト教というものを刷新しようとしているのだ[73]。後に述べるように、二十年前、私が初めてこれらの文書についての本を書いた時に比べて、現在の私たちはこれらの「福音書」を遥かに良く理解し始めている。まず手始めに、あらゆるキリスト教文書の中で最も親しまれているもの――すなわち、新約聖書の福音書を見直す作業から始めよう。その手助けをしてくれるのが、一世紀に書かれ、ナグ・ハマディで発見された別の福音書のひとつ、『トマスによる福音書』である。まもなく見るように、後に『ヨハネによる福音書』を新約聖書の中に編入し、『トマス』を「異端」として駆逐する人々こそが、後の西欧キリスト教を決定的に形作り――そして不可避的に限定することとなったのである。

2章　対立する福音書——『ヨハネ』と『トマス』

私はずっと『ヨハネによる福音書』に魅了されてきたし、しばしば熱烈な読者だった。十四の頃、福音派の教会に入っていた私は、その熱心な集会の中に、そしてキリスト教徒の仲間たちが尊崇するヨハネの福音書の中に、自分の求めてやまないものを見出していた――それは、自分が正しい集団の中にいるという保証、唯一真正なる神に属する「小羊」であるという保証だった。多くの人がそうであるように、私は『ヨハネ』こそが四つの福音書の中で最も霊《スピリチュアル》的なものだと考えていた。何故なら『ヨハネ』においては、イエスは単に人であるばかりではなく、神秘的で超人的な存在であり、そして彼は「互いに愛し合うこと」を弟子たちに説く。(1) 当時の私は、『ヨハネ』の不穏な裏面について深く考えてみるということはなかった――すなわちヨハネは、神を「信じる」人々に与えられる恩寵を、「神を信じぬ者は既に呪われ、永劫の死を与えられる」という警告に入れ替えていたのだった。(2) また私は、ヨハネ描くところの、イエスが自分自身の民族(「ユダヤ人」)のことをあたかも他国人のように、そして悪魔の子孫のように口にしている場面(3)についても、深く考えようとはしなかった。

だがその内に、私はそのマイナス面を知った――私が通っていた教会の指導者たちは、異教徒と交友関係を持つな、例外は相手を改宗させようとするときだけだ、と教えていた。その後、私の親友が十六の時に自動車事故で死ぬと、仲間のキリスト教徒たちは哀悼の意を表するどころか、彼がユダヤ人であって熱心なキリスト教徒ではなかったという理由で、彼は永劫に呪われている、と宣言したのだった。彼らの見解に激しい違和感を覚え、納得できなかった私は——しかも、全くの問答無用だったのだ——もはやそこにいても心の安らぎは得られないということを悟り、教会を去った。それから私は大学へ行って、ギリシア語を学んだ。新約聖書を原語で読めば、その力の源が解るのではないかと思ったからだ。この簡潔にして明確な物語をギリシア語で読むことは、全く新しい福音書体験だった。次に何が書いてあるのだろう、とワクワクしながらページをめくったものだ。まるで初めて読む本であるかのように。ギリシア語を学ぶことによって、私はホメロスの詩や、ソフォクレスやアイスキュロスの戯曲、ピンダロスの祝勝歌、それにサフォーの祈りなども直接読むことができるようになった。それによって私は、これらの「異教徒」による作品もまた、宗教文学に他ならないことを知った。ただ、宗教的感性が異なっているだけなのだ。

大学の後、私はニューヨークのマーサ・グラハム舞踊学校でダンスを学んだ。ダンスは大好きだったが、依然として私は、いったいキリスト教の何が私をあれほど圧倒し、同時に不満を抱かせていたのか、と考え続けていた。そこで私は、「真のキリスト教」の探求を決意したのである——当時の私は、長年キリスト教徒たちが信じてきたように、最初期のキリスト教文献の研究に没頭すればそれが解ると信じていた。つまり、イエスとその弟子たちがガリラヤを放浪していた直後に書かれた文献群だ。ハーヴァードの博士課程に入って驚いたのは、初期キリスト教の歴史を教えていたヘルムート・ケスター、ジョージ・マクレイ両教授が、一世紀に書かれた「福音書」や「外典」を大量に所有していたことだ。その多くは、私が聞いたこともない秘密文書だった。イエスや弟子たちに帰せられる言葉、儀礼、対話などから成るこれらの文書は、一九四五年、上エジプトはナグ・ハマディ近郊の、キリスト教時代初期の書庫から発掘されたものだった。(4)私は学友たちと共にこれらの文書の研究を許されたが、その結果、当時のキリスト教は実に多様なものであったことが明らかになった――それは、「公式」のキリスト教史によって実に巧妙に隠蔽されてしまったため、私たちは今、ハーヴァードの大学院まで来て初めて、それについて聞かされるに至ったのである。では、これまでのものとは全く違うこれらの福音書はいつ、誰が書いたのか。そしてこれらは、新約聖書でおなじみの福音書やその他の文書とどう関係していて――どう異なっているのか。

これらの発見が私たちに突きつけた問いは、単に知的なものばかりではなく――少なくとも私にとっては――霊《スピリチュアル》的なものでもあった。かつて私は、「教会教父」たちの著作を重視していた。たとえばリヨンの司教(一八〇年頃)エイレナイオスである。彼はこれらの秘密文書を「狂気の深淵、キリストに対する冒瀆」と断罪している。(5)そこで私は、最近発見されたこれらの文書は歪曲と粉飾と陳腐に満ち満ちたものだろうと考えていた。だが驚いたことに、それらの中には、意外なほどの霊的な力を持つものがあったのだ――たとえば、マクレイ教授の訳した『トマスによる福音書』には、こんな言葉がある。「イエスは言った、『あなた方があなた方の内にあるものを引き出すならば、あなた方が引き出したものがあなた方を救うであろう。あなた方があなた方の内にあるものを引き出さないならば、あなた方が引き出さないものがあなた方を殺すであろう(6)』」。この言葉の力は、それが「これこれのものを信じよ」と押しつけるのではなく、私たち自身の中に隠されているものを見出すことを突きつけている点だ。そして驚いたことに、私にはこの見方は全くの自明の理のように思えたのである。

一九七九年、私は『グノーシス諸福音書』〔邦題『ナグ・ハマディ写本』白水社刊〕を出版した。この本は、ナグ・ハマディ文書発見のもたらした衝撃に関する初歩的な研究である。それから二十年を経た今、多くの学者たちはこれらの文書を「グノーシス的」と呼ぶべきではないかもしれない、と考えるに至っている——私たちの多くは、「グノーシス」なる術語の真の意味するところを計りあぐねているのだ。グノーシスという言葉が「知ること」すなわち経験的洞察を意味するなら、これらの文書の多くはその定義に当てはまるだろう。だが「教会教父」たちは実際には、「万物を知る」と称する人々を嘲弄するためにこの言葉を用いているのである。思慮深い学者マイケル・ウィリアムズは、私たちはもはやこの術語を用いるべきではない、と示唆しているし、カレン・キングはその術語の含意を多数挙げている。(7) にもかかわらず、私は前書において、いくつかの問いを発することを試みた。何故に教会はこれらの文書を「異端」とし、正典福音書だけを「正統」としたのか。誰が、どのような状況でそれを決定したのか。同僚たちと共にその問いを追求していく内に、私は初期キリスト教運動を形作った政治的関心を理解するようになった。

前著の出版以後に行なわれた全世界の学者による研究のおかげで、前著がキリスト教史のいわばラフなスケッチとして描き出そうとしたものが、今ではまるで電子顕微鏡の像のように見ることができるようになっている——つまり、遙かに鮮明で、詳細で、精確に見えるようになったのだ。本書で焦点を当てたのは、二世紀から四世紀の特定のキリスト教指導者たちが、如何にして多くの文書を拒絶し、その代わり『マタイ』『マルコ』『ルカ』『ヨハネ』および「真理の規範」から新約聖書を作り上げたのか、ということだ。この「真理の規範」とは、後の信経の核となり、今日に至るまでキリスト教を定義してきたものである。

他の多くの学者たちとともにナグ・ハマディ文書を編纂し、注釈を付ける作業に当たっている内に、この研究はキリスト教の起源に関する私たちの理解を明確に——かつ複雑にするものであることが明らかとなった。私たちの多くが探し求めていた、より純粋かつ単純な「初期キリスト教」を見出すどころか、気がつくと私たちは、誰の想像も及ばなかった、多様かつ複雑な世界の只中にいたのである。たとえば、今や多くの学者たちの信ずるところでは、新約聖書の『ヨハネによる福音書』はおそらく一世紀の終わり頃に描かれたもので、イエスとは何者だったのか——あるいは、何者なのかを問う激烈な論争の中から生まれて来たものである。(8) 私自身、ちょうど同じ頃に書かれた可能性のある『ヨハネ』と『トマス』を何ヶ月にもわたって比較検討した。その結果、ヨハネの福音書はそのような熱い論争の中で、特定のイエス観を決定し、他のものを排するために書かれたものである、と考えるに至った。これは私自身にとってもちょっとした驚きだった。

この研究によって、『ヨハネ』が守ろうとしたものと共に、またそれが排しようとしたものもまた、明らかになった。ヨハネは明言する、「これらのことが書かれたのは、あなたがたが、イエスは神の子メシアであると信じるためであり、また、信じてイエスの名により命を受けるためである」(9)。ヨハネが排しようとしたものの中には、後に見るように、『トマスによる福音書』の説くところのものが入っている——すなわち、神の光はイエスの内にのみあるのではなく、少なくとも潜在的には、万人の内にある、ということだ。トマスの福音書は、『ヨハネ』のように、イエスを信じることを要求しない。むしろ人間ひとりひとりに与えられた聖性を通じて神を知ることを求めよ、と要求するのだ。何故なら、万人は神の似姿に創られたからである。後のキリスト教徒にとって、『ヨハネによる福音書』は公同の教会の設立に有効であったが、人間ひとりひとりの神の探求を重視する『トマス』はその限りではなかったのである。

もうひとつ、長年の研究の末に明らかになったことだが、ヨハネの福音書は極めて単純かつ力強い言葉で書かれているものの、その意味は全く明快ではない。第一世代の読者（九〇年頃から一三〇年頃）の間ですら、それが真正な福音書なのか、それとも偽りの書なのか——そしてこれを新約聖書に入れるべきかどうか、という点では意見が割れていたのである。[10] 初期キリスト教徒の中の『ヨハネ』の擁護者たちは、これを「ロゴスの福音書」——聖なる言葉もしくは理性（ギリシア語のlogos）の福音書——として崇め、これに反対する者を「非理性的」（alogos、すなわち理性に欠ける者）として嘲弄した。反対に、これを誹謗する者たちはというと、ヨハネの物語が『マタイ』『マルコ』『ルカ』と極めて異なっている点を問題にした。私自身がこれらと『ヨハネ』を比較したところでは、彼らの言うことはある程度は正しい。これらの相違点の中には、主題に対する変奏ではすませることのできないものが含まれているのである。

たとえば、物語の非常に重要な点で、ヨハネの福音書は他の三つの福音書の記述と対立している。既に見たように、『ヨハネ』においては、イエスの最後の日々の内容が異なっていた。さらに、神殿で商売をする商人を妨害するエピソードでは、『マルコ』『マタイ』『ルカ』が一致してこれをイエスの公的活動の最後に置いているのに対して、ヨハネはそれを最初に置いている。三つの福音書によれば、祭司長たちが最終的にイエスの逮捕を決定した契機は、両替商に対するイエスの襲撃であった。彼がイェルサレムに入城したとき――

イエスは神殿の境内に入り、そこで売り買いしていた人々を追い出し始め、両替人の台や鳩を売る者の腰掛けをひっくり返された。また、境内を通って物を運ぶこともお許しにならなかった。(11)

『マルコ』によれば、「祭司長たちや律法学者たちはこれを聞いて、イエスをどのようにして殺そうかと謀った」。(12) そして『マタイ』も『ルカ』も、イエスの逮捕はこの事件の直後であったという点で、『マルコ』と一致している。

だが『ヨハネ』は、このクライマックス的事件を物語の冒頭に置き、イエスの布教活動の全てが神の崇拝を浄化・改革することにあったのだ、ということを示す。さらにヨハネは、イエスが「縄で鞭を作り、羊や牛をすべて境内から追い出した」という場面を付け加えることで、さらに話の暴力性を増している。(13) 他の福音書記とは違って、ヨハネはこの行動に対する即時の反応を描くことはない。おそらくそれは、もしもこの時点でイエスが逮捕されてしまっていては、それで話が終わってしまうからである。そこでイエスの逮捕を説明するために、ヨハネは物語の最後に、他の福音書には全く登場しない驚くべき逸話を挿入する――イエスが友人であるラザロを死から甦らせた次第である。これがユダヤの上層部を痛く脅えさせ、イエス殺害を決意させた。さらにヨハネは言う、「祭司長たちはラザロをも殺そうと謀った」[14]。

ヨハネは、ラザロ復活の逸話に対して、ちょうど「神殿の浄化」の逸話と同様、より深い意味を与えようとした。ヨハネによれば、祭司長たちがイエスを捕らえようとしたのは神殿で騒ぎを起こした厄介者であったからではなく、イエスの力を恐れたからに他ならない——死者をも甦らせるその力を。ヨハネは、大祭司カイアファらがユダヤの最高法院の前でこのように話し合う描写をする。「このままにしておけば、皆が彼を信じるようになる。そして、ローマ人が来て、我々の神殿も国民も滅ぼしてしまうだろう」[15]。ヨハネにとっては、このような敵対は決して過去のものではなかった。イエスの死からおよそ六十年を経た彼自身の時代にすら、イエスとその信者たちに敵対する人々は依然として「みなが彼を信じるようになる」ことを恐れていたのである。そんなわけで、ヨハネは話の内容においても構成においても他の福音書から逸脱しているのだが、三世紀はじめの聡明なエジプト人教師で『ヨハネ』の最初の擁護者のひとりとなったオリゲネスは、「彼は常に文字通りの真実を語るわけではない。彼は常に霊的な真実を語るのである」と述べている[16]。オリゲネスによれば、ヨハネの作り上げた物語は一見単純に見えるが、それは立派な建造物がそうであるように、莫大な重みを支えているのである。

ヨハネの福音書がマタイ、マルコ、ルカと異なっている点はもう一つある。そしてこちらの方が遥かに重要だ。それはヨハネが、イエスとは単なる神の使いではなく、人間の形を採って現れた神自身である、と述べている点である。ヨハネは言う、「ユダヤ人たち」は、「あなたは、人間なのに、自分を神としているからだ」と言ってイエスを殺そうとした、と[17]。だがヨハネは信じていた、イエスは実際に人間の形を採った神である、と。ゆえにヨハネは、復活のイエスを目撃した弟子のトマスに、「私の主、私の神よ！」と叫ばせるのだ[18]。『ヨハネ』に対する最も古い注解（二四〇年頃）の中で、オリゲネスは目敏く指摘している、他の福音書はイエスを人間として描いており、「ヨハネほど彼の神性について明確に述べたものはない[19]」。

それでは、他の福音書はイエスを神だとは言っていないのだろうか。たとえばマタイとマルコは、イエスを「神の子」と呼んでいたではないか。この呼び名は、イエスが事実上――というか遺伝学上――神と同じものであるということを意味しているのではないのだろうか。キリスト教の伝統の中で育った人がたいていそうであるように、私もまた全ての福音書は同じことを述べていると――せいぜい、同じ主題による変奏に過ぎないと思い込んできた。『マタイ』『マルコ』『ルカ』の三書は、だいたい似たような観点を共有しているので、学者たちはこれらを「共観福音書」と呼ぶ。大学院に入って、それぞれの福音書とその歴史的背景を研究するようになって初めて、私はイエスを神の顕現とするヨハネの主張が極めてラディカルなものであることを知ったのである。

マルコをはじめとする福音書記も、イエスの神性を示すかのような称号を用いている。たとえば「神の子」や「メシア」などである。だが実際、マルコの時代においては、これらの称号は人間を示す称号だったのである[20]。それから十五世紀も後に、これらの称号を英語に訳したキリスト教徒たちは、それがイエスと神の繋がりを示す特別の称号と考え、大文字で書き表した――だがギリシア語には、このような表記法はない。そしてマルコの同時代人たちは、イエスを人間と見做していた――マルコの言うように、聖霊の力を与えられ、神の王国を招来する役割を与えられた、人間であると。

だが、後に詳述するように、『マルコ』『マタイ』『ルカ』に『ヨハネ』、それにパウロの書簡が纏められて「新約聖書」となった後――この作業にはだいたい二百年以上が費やされた（一六〇年頃から三六〇年頃）――ほとんどのキリスト教徒は、先の三つの福音書を『ヨハネ』という色眼鏡を通して見るようになった。そしてその三書の中に、ヨハネの言う「イエスは主にして神」[21]という信念の証拠を見出したのである。だが、一九四五年に上エジプトで発見された福音書は、全く異なる観点を提供してくれている。たとえば、もしも『マタイ』『マルコ』『ルカ』の三書が、『ヨハネ』ではなく『トマスによる福音書』と結合されていたとしたら、あるいは、『ヨハネ』と『トマス』の両方が新約聖書の正典に含まれていたとしたら、たぶんキリスト教徒によるはじめの三書の読み方は随分異なったものになっていただろう。『トマス』『ヨハネ』の両福音書は、一世紀の終わり頃に議論や論争に明け暮れていた、さまざまな党派の思想を代弁するものである。彼らの論じていた問題とは――イエスとは何者か、そして彼に関する「福音（ギリシア語で euangellion）」とは何か、というものである。

『トマスによる福音書』には、「トマス派キリスト教徒」の尊崇していた教えが書かれている。彼らは『ルカ』や『マタイ』や『ヨハネ』を奉じていたグループと同様、一世紀を通じて教勢を誇っていた。一九四〇年代に初めて『トマス』を読んだ学者たちが驚愕したのは、そこに登場するイエスの言葉には『ルカ』や『マタイ』と共通するものも多く含まれていたが、一方で共観福音書とは明らかに別の系統に属する言葉も含まれていたということだ[22]。『トマスによる福音書』がどこで書かれたのかは定かではないが、多くの学者は、シリアに関する固有名詞が登場するところから、おそらくその地で書かれたものと考えている。おそらくシリア語で書かれたと思われる『トマス言行録』（二〇〇年頃）によれば、トマス自身、インドまで宣教に赴いたという[23]。そして今日でも、トマスを始祖と仰ぐトマス派キリスト教徒がインドにいるのだ。『マルコ』『マタイ』『ルカ』はいずれもトマスを「十二使徒」の一人と述べているが、「トマス」というのは彼の本名ではなく、イエスが使ったと見られるアラム語で「双子」を意味する言葉である。ヘルムート・ケスター教授が述べているように、この弟子はアラム語の仇名で呼ばれてはいたが、この福音書そのものの中に彼の名はユダであったと述べられている（とはいうものの、彼の信者たちは「イスカリオテのユダとは別人」と断っている）。この弟子はトマスの名で知られていたがゆえに、『トマスによる福音書』『ヨハネによる福音書』のいずれも、トマスという言葉をギリシア語に翻訳し、ギリシア語の読者に対して「この弟子は『ディディモ』と呼ばれた」と説明している。これはギリシア語で「双子」を意味する言葉である。(24)

後述するように、ヨハネはおそらく、『トマスによる福音書』の教えを知っていた――たとえ実際のテキスト自体は見たことがなかったとしても。『ヨハネによる福音書』の教えの中で、『マタイ』や『ルカ』と異なる部分の多くは、『トマスによる福音書』の言葉に近い。事実、この両福音書を比較した学者たちの第一印象は、両者が極めてよく似ているということであった。たとえば、『ヨハネ』も『トマス』も、対象としているのは既に『マルコ』などを読んで基本的な物語を知っている読者である。そして両者とも、単なる物語を超えて、イエスが弟子たちだけに述べた秘密を明らかにする、と主張している。たとえば『ヨハネ』はユダがイエスを裏切った夜の様子を語っているが、ここで『ヨハネ』にしか出てこない教えを五章分も挿入している――『ヨハネ』一三章から一八章までのいわゆる「告別の説教」である。ここには、弟子たちとイエスの親しい会話と独白が収められている。同様に『トマスによる福音書』もまた「生けるイエスが語った隠された言葉」を伝えると宣言し、「これをディディモ・ユダ・

トマスが書き記した」と述べるのだ。[25]

『ヨハネ』も『トマス』も、イエスが私的に述べたことを伝えているという、同じような主張をしている。『マタイ』『マルコ』『ルカ』が、イエスが「時の終わり」の到来を予言したと述べているのに対して、『ヨハネ』と『トマス』はいずれも、彼が弟子たちに「時の始まり」——すなわち、『創世記』第一章にある天地創造——に想いを馳せるように説いたと述べ、イエスを「始まり」の聖なる光と同一視している。[26]『トマス』と『ヨハネ』はいずれも、この原初の光がイエスと全宇宙を繋いでいる、と述べる。何故なら、『ヨハネ』曰く、「万物は言［logosもしくは光］によって成った」からである。[27]ケスター教授は、細部にわたるこのような類似を見て、この二書の著者は同じ資料に頼って執筆した、と結論した。[28]『マルコ』『マタイ』『ルカ』がイエスを神の使者である人間と見做しているのに対して、『ヨハネ』と『トマス』は彼を人間の形を採った神自身の光としている。

だが、このような類似にもかかわらず、『ヨハネ』と『トマス』の書記は、イエスの秘密の教えを全く異なる方向で捉えている。ヨハネにとっては、イエスを「始まり」の光と同一視することは、イエスの独自性を——すなわち、彼が神の「ひとり子」であることを——示すことである。ヨハネは彼を「全ての人を照らす光」[29]と呼び、ただひとりイエスだけが神の光を世にもたらすのであって、さもなくば世は闇に沈む、と信じた。ヨハネは言う、私たちが神を体験するのは、光の受肉であるイエスを通じてしかない。だが『トマス』は、全く別の結論を導いている——イエスに受肉した神の光は全人類が共有している、何故なら私たちはみな「神の似姿」に創られたからである、と。[30]ここでトマスが表明するのは、それから千年の後に、ユダヤ教神秘主義の——さらに後にはキリスト教神秘主義の——中心テーマとなるものである。すなわち、「神の似姿」は万人の中に隠されているが、ほとんどの人はその存在に気付かないのだ、と。

　神の地上への受肉に関するこのふたつの見解は、互いに相補的なものともなり得たにも関わらず、実際には対立するものとなった。イエスだけが神の光の受肉であると主張するヨハネは、この光は万人の中にあるとするトマスを退けた。そして言うまでもなく、勝利を収めて後のキリスト教を形成したのはヨハネであった。何となれば、ヨハネの教えは他の三つの福音書と共に新約聖書に取り入れられ、以後、彼のイエス観こそがキリスト教の意味を支配し、規定することとなったのだから。新約聖書の「四書から成る福音書」[31]——すなわち『マタイ』『マルコ』『ルカ』『ヨハネ』——を擁護するキリスト者たちは、『トマスによる福音書』（及びいわゆる「隠された非正統的な」福音書群）[32]に見られるような教えを糾弾し、このような教えを異端として放逐せよ、と説いた。これがどのように起こったのか、そしてそれがキリスト教の歴史の上でどういう意味を持っていたのか、それこそが本書の主題である。

　ヨハネが——そしてトマスが——行なった驚くべき飛躍を正しく評価するために、『マルコ』『マタイ』『ルカ』がどのようにイエスを認識していたかを思い起こしてみよう。この三書の中で最も古い『マルコ』は、イエスの死の四十年ほど後（紀元七〇年頃）に書かれたが、その中心的な秘儀として、イエスとは何者かという問いを発している。そして『マルコ』は、イエスの弟子たちが彼の正体の謎を論じ——そして見出した次第を次のように述べる。

　イエスは、弟子たちとフィリポ・カイサリア地方の方々の村にお出かけになった。その途中、弟子たちに、「人々は、私のことを何者だと言っているか」と言われた。弟子たちは言った。「『洗礼者ヨハネだ』と言っています。ほかに、『エリヤだ』と言う人も、『預言者の一人だ』と言う人もいます」。そこでイエスがお尋ねになった。「それでは、あなたがたは私を何者だと言うのか」。ペトロが答えた。「あなたは、メシアです[33]」。

この時ペトロは、まさしくイエスを神のメシア、字義通りに言えば「油注がれたる者」――すなわちイスラエルの未来の王――と認識していたのではあるが、それは全くの見当はずれであることが直ちに示される。イエスが自らの受難と死を語り始めると、驚いたペトロはそれを諫めるのだ。何故なら彼は神の「油注がれたる者」が死ぬはずはなく、イェルサレムで戴冠し玉座に就くものと信じていたからだ。『マルコ』の陰鬱な磔刑の場面では、イエスは神が自分を見捨てたと叫び、それから最後に不明瞭な叫びを挙げて息絶えたことが述べられる。だが、ここで彼の死を見守っていたローマの百卒長は言う、「本当に、この人は神の子だった[34]」。百卒長のような非ユダヤ人にとっては、「神の子」とは文字通り神的存在を意味していたかも知れないが、マルコをはじめとするイエスの最初の信徒たちはユダヤ人であり、彼らは「神の子」という言葉を「メシア」と同様にイスラエルの未来の王という意味に理解していた。古代イスラエルの戴冠式においては、未来の王は神のおぼえのめでたさを示す油を塗られ、合唱隊が聖歌を歌う。その歌詞は、王が戴冠するとき、彼は神の代理人、生ける「神の子」となる、と宣言する[35]。ゆえに、『マルコ』冒頭にある「これはメシアにして神の子であるイエスの福音である[36]」の意味は、すなわち神がイエスをイスラエルの未来の王と定めた、という宣言である。マルコはギリシア語で執筆したので、彼はヘブライ語の messiah を christos（ギリシア語で「油注がれたる者」）と訳した。この言葉が後に、「イエス・キリスト」となる。

『マルコ』においては、イエスはまた自らを「人の子」と述べているが、その意味は明快ではない。ヘブライ語聖書においては、「人の子」とはまさに「人間」以外の何者でもない（ヘブライ語の ben adam は「アダムの息子」を表す）。たとえば預言者エゼキエルによれば、主は何度も彼に「人の子よ」と呼びかけている。これはしばしば「人間《モータル》」と訳されるので、(37)『マルコ』のイエスが自らを「人の子」と呼ぶとき、これは単純に彼が「人間」であることを意味している。だが、ヘブライ語聖書に親しんでいたマルコの同時代人は、「人の子」と言えば預言者ダニエルの幻視した神秘的な人物を思い浮かべたかも知れない。この人物は神の玉座の前に現れ、権能を授けられる。

夜の幻をなお見ていると、見よ、「人の子」のような者が天の雲に乗り、「日の老いたる者」の前に来て、そのもとに進み、権威、威光、王権を受けた。諸国、諸族、諸言語の民は皆、彼に仕え、彼の支配はとこしえに続き、その統治は滅びることがない。(38)

『マルコ』によれば、大祭司は裁判でイエスを尋問し、「お前は神の子、メシアなのか」と訊ねる。イエスは応える、「そうです。あなたたちは、人の子が全能の神の右に座り、天の雲に囲まれて来るのを見る」。(39)つまり『マルコ』によれば、イエスは単にイスラエルの王という称号（「メシア」「神の子」）を主張したのみならず、実際にダニエルの幻視を引用し、彼自身――あるいはおそらく、彼が予見した誰か——が、かの預言者が天上の神の玉座の前に見た「人の子」であるということを示唆したのである。『マタイ』『ルカ』も『マルコ』に倣い、イエスを未来の王（「メシア」「神の子」）、および神の権能を授けられた人間（「人の子」）の両方として描いている。

とはいうものの、こうした称号はイエスの本当の正体については何ひとつとして明らかにはしてくれない。そこで福音書記は、ナザレのイエスが特別の——むしろ超自然的な——地位に引き上げられた人間であるというラディカルな信念を表明するために、多種多様な伝統的術語を用いる。だがルカによれば、神がイエスに前例のないような好意を示して彼を復活させたのは、あくまでも彼の死後のことである。そしてこのことによって神は、イエスを単なる「メシア」から「主」へと格上げしたのであった。「主」とは、ユダヤの伝統においては通常、主なる神にのみ用いられる言葉なのである。マルコより十年から二十年後に執筆したルカは、ペトロをして「イスラエルの人たち」に対してこう言わしめる——全人類の中でイエスだけが死から復活した者であり、これによって「神はイエスを主とし、またメシアとなさったのです——あなたがたが十字架につけて殺したイエスを[40]」と。

だが、ルカよりも十年ほど後に執筆したヨハネは、その福音書の冒頭で、イエスが全く人間ではなく、神聖にして永遠なる〈神の言葉〉が人間の形を採ったものである、と宣言するのである（初めに言があった。言は神と共にあった。言は神であった[41]）。私たちがヨハネと呼んでいる書記はおそらく、イエスの神性を信じたキリスト教徒は自分が最初ではなく——当然唯一でもないということを知っていた。その五十年ほど前に、使徒パウロは、おそらくそれ以前の聖歌を引用してこう述べている。イエスとは——

神の身分でありながら、神と等しい者であることに固執しようとは思わず、かえって自分を無にして、僕の身分になり、人間と同じ者になられました。[42]

『ルカ』のイエスが神の身分にまで引き上げられた人間として描かれていたのに対して、『ヨハネ』のイエスは、パウロが引用している聖歌と同様、地上に――一時的に――降りて来て人間の形を採った神的存在である。別の箇所で、パウロは「イエスは主である！」と信じる者は聖霊の霊感を受けている、と明言している。[43]六十年後、パウロの崇拝者のひとりである司教アンティオキアのイグナティウスは、間近に迫った殉教を予期して、「わが神の受難をまねぶこと」を篤く待ちわびている、と書き残している。[44]わが神とは、すなわちイエスである。小アジアのビテュニア総督であったプリニウスは、自らの属州内の疑わしい人物を取り調べ、トラヤヌス帝（一一五年頃）に書き送っている。曰く、これらのキリスト教徒は「神を讃えるがごとき聖歌を、イエスを讃えて歌う」[45]――おそらくそれは、パウロが知っていたのと同じ聖歌だったのだろう。

それ故に、『マルコ』（六八年から七〇年頃）と『マタイ』『ルカ』（八〇年から九〇年頃）を、そして『ヨハネ』（九〇年から一〇〇年頃）を比較した学者たちは、『ヨハネ』には高度なキリスト論への移行が――すなわち、イエス観の漸進的な高度化が――示されている、と考えたのである。彼らの指摘によれば、このようなイエス観は一世紀から発展し始め、ニカイア信経の言葉などでその頂点を迎える。そこではイエスは「神よりの神、光よりの光、真なる神よりの真なる神」とされている。

だが、イエスに関するキリスト教の教義は、単純な発展パターンに従うわけではない。『ヨハネ』の定式化は、その後約二千年にわたってキリスト教の正統教義を支配はしたが、彼自身の時代には普遍的に受け入れられていたわけではなかったのだ。そしてパウロとヨハネによるイエスの神性の主張は、マルコやルカ、マタイよりもさらに極端なものであったが、おそらく『ヨハネ』と同時期に書かれたらしい『トマス』は、同じような言葉を用いて全く別のことを述べている。『トマス』は『ヨハネ』に見られるようなおなじみのパターンを外れているので、まずこちらから見ていこう。

まず注意しておかねばならないが、ここで私は伝統的な書名、すなわち『トマスによる福音書』『ヨハネによる福音書』という名称や、書記という伝統的な用語を用いているが、実際にはこれらの福音書の真の著者が誰であるのかは不明である。一説によれば、『トマス』を構成する言葉を集めた者が誰であれ、その者は著者というよりも編集者（たち）であり、これらの言葉を書いたのではなく、単に伝統的な言葉を集めて記録しただけだ、という。[46]『トマス』の中には、『ヨハネ』『マタイ』『ルカ』と同様、互いに矛盾する言葉も見られる。たとえば『ヨハネ』にも『トマス』にも、神を知るに至った者は極めて稀で——選ばれた人々であることを示す言葉がある。このような言葉は、伝統的な神の選民という教え、神は自らを知ることのできる者を選ぶという教えを反映している。[47]一方、私が『トマス』解釈の鍵と考える一連の言葉は、万人が生まれつき神を知る能力を持っていることを示唆している。私たちがトマスと呼んでいる人物については、ほとんど何も知られていない。判っているのはただ、他の新約聖書の福音書記と同様、彼はイエスの弟子のひとりの名の下に執筆したということだけだ。それはおそらく、この「福音書」を伝えたのがこの弟子であると述べたいがためであろう。それから既に見たように『トマス』はおそらく、読者が既に『マルコ』の中でペトロがイエスの正体の秘密について「あなたはメシアです」と述べている事実を知っている、ということを前提にしている。同じ話は『マタイ』にも出てくるが、マタイのイエスはペトロの見立てを褒め称えるのである。「シモン・バルヨナ、あなたは幸いだ。あなたにこのことを現したのは、人間ではなく、私の天の父なのだ」。[48]

トマスは同じ物語を別様に語る。トマスによれば、イエスが「私は何者か」と訊ねたとき、彼は別々の弟子から三様の答えを受ける。まずはじめにペトロが事実上、『マルコ』や『マタイ』の彼と同じことを言う。「あなたは義なる御使いと同じです」。これはおそらく、ヘブライ語のメシア(「油注がれたる者」)という単語を、『トマス』が想定したギリシア語を話す聴衆のために翻訳したものだろう。次に弟子マタイが答える。「あなたは賢い哲学者と同じです」——これはたぶん、ヘブライ語のラビ(「教師」)を異教徒に解る言葉に言い換えたものである(この弟子は伝統的に、『マタイによる福音書』を書いた人物と信じられている。『マタイ』は他の福音書のどれよりも、イエスをラビとして描き出している)。だが三人目の人物、すなわちトマス自身がイエスの質問に答えると、その答えは他の二人を困惑させた。「先生、私の口は、あなたが誰と同じであるかを言うのに、全く堪えないでしょう」。イエスは答えた。「私はあなたの先生ではない。何故なら、あなたは、私が量った湧き出す泉から飲み、酔い痴れたからである」。[49]イエスはペトロとマタイの答えを否定はしなかった。が、彼らの答えは低い理解の段階に留まっていることを示唆したのである。それから彼はトマスを脇へ連れて行き、彼だけに三つの言葉を語った。この言葉は秘中の秘であって、書き留められていない。それでなくてもこの福音書には「秘密の言葉」が満ち満ちているというのに。

イエスはトマスを連れて退き、三つの言葉を彼に言った。さて、トマスが仲間たちの許に来たとき、彼らは彼に尋ねた、「イエスはあなたに何を言われましたか」。トマスが彼らに言った、「私があなた方に、彼が私に言われた言葉のひとつを言えば、あなた方は石を取り、私に投げつけるであろう。そして、火が石から出、あなた方を焼き尽くすであろう[50]」。

ここでトマスは、神聖冒瀆の罪によって他の者たちに石で打ち殺されてしまうのを恐れてこの三つの「秘密の言葉」を明かさないものの、明らかにこの秘密はペトロとマタイのいずれの理解よりも深くイエスとそのメッセージを伝えるものであることを示唆している。

では、トマスによる福音——良き報せ——とは何なのか、そしてそれは、『マルコ』『マタイ』『ルカ』の共観福音書で語られているものとどう違うのか。『マルコ』はイエスの「神の王国の良き報せ」の宣言に始まり、イエスがヨハネから洗礼を受けた次第を語る。この時イエスは「天が裂けて」神の霊が自分に降って来るのを見た[51]。その後すぐ、神の霊に突き動かされて荒れ野に行き、サタンの誘惑を退けて戻ってくると、最初の差し迫ったメッセージを宣べ伝えた。「時は満ち、神の国は近づいた。悔い改めて福音を信じなさい[52]」。『マルコ』によれば、イエスはこの神の王国の到来が弟子たちの生きている間に起こる、と教えていた。「はっきり言っておく。ここに一緒にいる人々の中には、神の王国が力にあふれて現れるのを見るまでは、決して死なない者がいる![53]」。後にイェルサレムにおいて、弟子たちが大神殿の輝く壁に賛嘆すると、イエスは言う。「これらの大きな建物を見ているのか。一つの石もここで崩されずに他の石の上に残ることはない[54]」。

イエスが神の王国の到来――世界をひっくり返す驚天動地の出来事――を宣べ伝えるのを聞いて、ペトロ、ヤコブ、ヨハネ、アンデレらは、それらの出来事はいつ起こりますか、と密かに訊ねる。イエスはその日時は告げなかったが、そのことが近づいたのを知らせる「徴」のことを語る。彼は「戦争と戦争の噂」、地震、飢饉は「メシアの産みの苦しみ」であると告げ、信者たちに対して「あなた方は会堂で打ちたたかれ」「総督や王の前に立たされ」、家族に裏切られ、「全ての人に憎まれる」と警告する。さらに悪いことに、イェルサレムの大神殿は穢され、破壊され、避難民の群れが都から逃げ出す――「それらの日には、神が天地を造られた創造の初めから今までなく、今後も決してないほどの苦難が来る」[55]。さらにその後、イエスは「太陽は暗くなり、月は光を放たず、星は空から落ちる」と予言する。その時、人々は空に超自然的な出来事を見る。これは預言者ダニエルの告げた「人の子が大いなる力と栄光を帯びて雲に乗って来る」という予言である[56]。そしてイエスは威厳に満ちて弟子たちに告げる、「はっきり言っておく。これらのことがみな起こるまでは、この時代は決して滅びない」、ゆえに「目を覚ましていなさい」と[57]。

だが『トマス』と『ヨハネ』のイエスは、マルコをはじめとする多くの信者が未来に到来すると信じている神の王国が、実際には「到来しつつある」のではなく、既にここにある――すなわち、即時的かつ持続的な霊的リアリティであることを明らかにする。『ヨハネ』によれば、イエスは最後の審判の日、すなわち預言者たちの言う「主の日」は「来る。今やその時である」[58]と言い、さらには「死者の復活」もまた今起きる、と述べている。と言うのも、イエスの友人であるマリアとマルタの兄弟であるラザロが死んだとき、彼は彼女たちを慰問して、ラザロが死から復活することを信じるか、と訊ねたところ、マルタは敬虔な信者ならではのことを言った。「終わりの日の復活の時に復活することは存じております」[59]。だが『ヨハネ』においては、イエスはすぐさまラザロの墓に赴き、四日も前に死んでいる彼に向かって、墓から出てくるように命ずる。すなわち、世の終わりの時に起こるとされている大いなる奇蹟は、今、ここで起こりうる——そして、現に起こっているのだ。

『トマスによる福音書』によれば、「生けるイエス」自身が、「神の王国」とは異世界や未来の出来事であるという誤解を糺す。

イエスが言った、「もしあなた方を導く者があなた方に、『見よ、王国は天にある』と言うならば、天の鳥があなた方よりも先に王国へ来るであろう。彼らがあなた方に、『それは海にある』と言うならば、魚があなた方よりも先に王国へ来るであろう」[60]

ここで『トマス』のイエスは、特定の教会指導者たちを匿名で嘲弄している——おそらくペトロ自身か、彼の弟子のマルコかもしれない。何故なら、『マルコ』の中では困惑した弟子たちが「終わりの徴」とは何かとイエスに訊ね、それに対してイエスは真面目に応えて、やがて起こる不吉な出来事を告げ、「目を覚ましていなさい」と警告するのだから[61]。だが『トマス』によれば、イエスは密かに、別のことを述べていた。

彼の弟子たちが彼に言った、「どの日に死者の復活があり、どの日に新しい世が来るのでしょう」。

彼が彼らに言った、「あなた方が待っているものは既に来た。しかし、あなた方はそれを知らない」(62)

さらに、なおも彼らが「どの日に王国は来るのでしょうか」と訊ねると、『トマス』のイエスは言う、

「それは、待ち望んでいる内は来るものではない。『見よ、ここにある』、あるいは、『見よ、あそこにある』などとも言えない。そうではなくて、父の国は地上に広がっている。そして、人々はそれを見ない」(63)

『ルカによる福音書』には、他の信者もまた『トマス』と同様、神の王国が今、ここにあると信じていたことを示している。と言うか実際、『ルカ』は同じ言葉の別のヴァージョンを提供している。

ファリサイ派の人々が、神の国はいつ来るのかと尋ねたので、イエスは答えて言われた。「神の国は、見える形では来ない。『ここにある』『あそこにある』と言えるものでもない。実に、神の国はあなた方の内にあるのだ」(64)

「あなた方の内にあるのだ」という表現は、イエスが弟子たちと共にある限り王国は彼らの内にある、と考える人もいるし、また王国はイエスの中だけではなく、万人の中に体現しているのだ、と採る人もいる。新改訂標準訳は、前者の解釈を採用している――すなわち、イエスただ一人が神の国を体現して

いると。だが一世紀前、『王国は汝らの内にあり』と題された書物において、レオ・トルストイはキリスト教徒に呼びかけ、圧政や暴力を棄てて今、ここに王国を実現しよう、と促す。二〇世紀の作家でトラピスト修道士であるトーマス・マートンはトルストイに賛同するが、神の王国を現実的ではなく神秘的に解釈している(65)。

『トマスによる福音書』には、二千年近くも前に神の王国をトルストイやマートンと同様に解釈した箇所がある。ナグ・ハマディ文書より五十年ほど前、一八九六年にやはりエジプトで発見された『マグダラのマリアによる福音書』もまた、このテーマを扱っている。イエスは弟子たちに言う、『見よ、ここだ』『見よ、あそこだ』と言う者たちに惑わされてはならない。人の子はあなた方の中にいるからである。彼に従うのだ(66)」。だが、一度はこれと同様の言葉を書いた『ルカ』は、結局はこの立場を退き、『マルコ』に見られるような黙示録的警告で物語を締める。即ち、人の子は私たち全ての内にいる神的存在ではなく、万人を怒りの日に召喚する恐るべき裁判官なのだ。『ルカ』は言う——

心が鈍くならないように注意しなさい。さもないと、その日が不意に罠のようにあなた方を襲うことになる。その日は、地の表のあらゆる所に住む人々すべてに襲いかかるからである。しかし、あなた方は、起ころうとしているこれらすべてのことから逃れて、人の子の前に立つことができるように、いつも目を覚まして祈りなさい(67)。

だが『トマス』と『ヨハネ』の読者は、このイエスのメッセージを全く別様に理解することを求められる。両者とも、弟子たちに時の終わりを警告する代わりに、始まりに目を向けることを命じるのだ。『ヨハネ』は有名な劈頭部分で宇宙の開闢を語り、「言葉は神と共にあった。言葉は神であった」と言う。(68)『ヨハネ』が言及しているのは、言うまでもなく、『創世記』の冒頭である。「初めに」広大で形なき混沌、闇、そして「深淵」があり、「神の霊が水の面を動いていた」。(69)そして太陽、月、星々の前に、まず最初に光があった。「神は言われた。『光あれ』。こうして、光があった」。(70)すなわち『ヨハネ』は、イエスを神の言葉のみならず、そこにあらしめられた神の光とも同一視する――「その光は、まことの光で、世に来てすべての人を照らすのである」。(71)

『トマス』のイエスもまた、あくまでも「終わりの時」を問おうとする者を諫める。「あなた方は一体、終わりを求めるために、はじめを見出したのか」。そしてここでもまた、彼は始まりに目を向けさせるのだ。「何故なら、はじまりの場所に立つであろう者は幸いである。そうすれば、彼は終わりを知るであろう。そして死を味わうことがないであろう」(72)――すなわち、楽園追放以前の、輝ける天地創造の状態に復帰するというのである。トマスはヨハネと同様、イエスを創造の暁以前に存在していた光と同一視している。『トマス』によれば、この原初の光は全宇宙を存在せしめたのみならず、今もなお、私たちが目にし、触れる全てのものを通じて輝いている、とイエスは述べた。何故ならこの原初の光は単に非人格的なエネルギーではなく、人間の声で語る存在だからである――すなわち、イエスの声で。

イエスが言った、「私は彼ら全ての上にある光である。私は全てである。全ては私から出た。そして、全ては私に達した。木を割りなさい。私はそこにいる。石を持ち上げなさい。そうすればあなた方は、私をそこに見出すであろう[73]」

だが、『ヨハネ』と『トマス』におけるイエスの秘密の教えは確かに類似しているが、より詳細に見ると、『ヨハネ』におけるイエスの「道」の理解は、『トマス』のそれとは現実的かつ死活的な問題――すなわち、私たちは如何にしてその光を見出すのか――において正反対であることが解ってくる。まずは『トマスによる福音書』を見よう。

『トマスによる福音書』は、神への道を探求する者に対して、謎めいた糸口(答えではない)しか与えてはくれない。『トマス』の「生けるイエス」は、聴衆が自らの力でその道を見出すことを要求する。「イエスが言った、『この言葉の解釈を見出す者は死を味わうことがないであろう[74]』」、そして彼は弟子たちに、その探求は動揺と驚愕をもたらす、と忠告する。「イエスが言った、『求める者には、見出すまで求めることを止めさせてはならない。そして、彼が見出すとき、動揺するであろう。そして、彼が動揺するとき、驚くであろう。そして、彼は万物を支配するであろう[75]』」。そしてここでもまたイエスは、彼らは求めるものを見出すに必要な内なる資質を既に持っている、と述べることによって、探求者を激励する。「イエスが言った、『あなた方があなた方の内にあるものを引き出すならば、あなた方が引き出したものがあなた方を救うであろう。あなた方があなた方の内にあるものを引き出さないならば、あなた方が引き出さないものがあなた方を殺すであろう[76]』」。

それでもなお、「弟子たちは彼に訊ねた」とトマスは言う、「彼らが彼に言った、『あなたは、私たちが断食することを欲しますか。そして、私たちはどのように祈り、どのように施し物を与えるべきでしょうか。どのような食事規定を私たちは守るべきでしょうか』[77]。『マタイ』や『ルカ』においては、イエスはこのような問いに対して、実際的かつ直接的な答えを与えている。たとえば、「施しをするときは、右の手のすることを左の手に知らせてはならない。あなたの施しを人目につかせないためである」[78]。断食する時には、「頭に油をつけ、顔を洗いなさい」[79]。そして「祈るときには、こう祈りなさい。『天におられる私たちの父よ、……』」[80]。『トマス』においては、イエスはこのような指導を与えることはない。その代わり、弟子たちがどうすべきかを――祈り方、食事の仕方、断食や施しをすべきかを――訊ねた時、彼はもうひとつ別の公案《コーアン》で応えるのだ。「嘘をついてはならない。また、あなた方が憎むことをしてはならない。何故なら、全ては天の前に現れているからである」[81]。言い換えれば、真実を見出す力は各人の中にある、というのである。弟子たちがイエスに「あなたが誰であるかを私たちに言ってください。そうすれば私たちはあなたを信じます」とせがんだ時も、彼はその質問をはぐらかし、自分自身で探し出すように言う。「彼が彼らに言った、『あなた方は天地の表面を読む。だがあなた方は、あなた方の面前に立つ者が何者かを理解できなかった。そしてあなた方は、今この時を読む方法を知らない』[82]」。アレクサンドリアの哲学者プロティノスは、このような言葉に困惑し、そしておそらく苛立ったのだろう、次のように述べている。「彼らは常に言う、『神を見よ』と。だが彼らはどこを、あるいはどのように見ろと言うことは決してしてないのだ」[83]。

だが、『トマス』のイエスはいくつかの手がかりを与えてはくれる。神の王国が未来に到来するという期待（これは数え切れないほどのキリスト教徒がかつてそう信じ、そして今も信じている）を退けた後、『トマス』のイエスはこう宣言するのだ。

神の王国はあなた方の中にある。そして、それはあなた方の外にある。あなた方があなた方自身を知るときに、その時にあなた方は知られるであろう。そして、あなた方は知るであろう、あなた方が生ける父の子らであることを。しかし、あなた方があなた方自身を知らないなら、あなた方は貧困にある。そしてあなた方は実際に貧困である[84]」。

この謎めいた言葉は、さらなる疑問を引き起こす。私たちが自分自身を知るにはどうすればいいのか。『トマス』によれば、私たちはまず私たちの出自を見出し、そして「はじまり」の場所に立ち戻り、そこに立たねばならない、とイエスは述べる。それから彼は、さらに奇妙なことを言う。「存在する以前に存在した者は幸いである[85]」。だが、自分自身の誕生――もしくは人類の創造以前になど、どうやって立ち戻れというのか。人類の創造――あるいは宇宙の創造以前には何がいたのか。

『創世記』によれば、「はじまり」の時には、まず初めに、原初の光があった。『トマス』によればこれは、『創世記』一章二六節に言う「神にかたどってアダム［人類］を」創造した時、神は原初の光にかたどって人間を創造したということである。古今の『創世記』読者と同様、トマスもまた、原初の光として現れたものは「人間、まことに驚嘆すべき人間」であり、光り輝く存在、神が第六日に創造した人間アダムのプロトタイプであった、と示唆する。この「光のアダム」は、形は人間であるが、同時にまた、何らかの神秘的な方法によって、神でもある[86]。ゆえにここでイエスは、私たちが自らの内に霊的資質を持っているのは、まさに私たちが「神の似姿」に創られたからである、と示唆する。リヨンの司教エイレナイオス（一八〇年頃）は、このようなことを言う者、さらに「人間［anthropos］を万物の神、光、幸いなる者、永遠なる者などと呼ぶ者」は「異端者」であって侮蔑せねばならない、と言う(87)。だが既に述べたように、エイレナイオスがここで異端として排斥しているものは後にユダヤ神秘主義の中心テーマとなる――すなわち、「神の似姿」は私たちひとりひとりの中に秘められており、神と全ての人間の間に見えない絆がある、と(88)。

かくして、『トマス』のイエスは、ただ彼だけではなく、私たち全員が聖なる光から来たものであると弟子たちに説く。

> もしも彼らがあなた方に、「あなた方はどこから来たのか」と言うならば、彼らに言いなさい、「私たちは光から来た。光が自ら生じた場所から。そこで光は彼らの像において現れ出た」。もし彼らがあなた方に、「あなた方は何者か」と言うならば、言いなさい、「私たちはその子らであり、生ける父の選ばれた者である(89)」

『トマス』によれば、イエスは外に神を求める者を非難した。たとえ――というか、おそらく、特に――「イエスその人に従う」ことによって神を探求する者であっても。ある弟子たちがイエスに嘆願して言った、「あなたがおられる場所について教えてください。何故なら、私たちはそれを探すことが私たちに必要だからです」。これに対して彼は、この心得違いの質問に答えることすらせず、弟子たちの関心を各人の内に秘められた光へと向け直す。「光の人の内に光がある。そして、それが全宇宙を照らしている。それが照らさないならば、それは闇である」[90]。言い換えれば、「全宇宙」を照らす内なる光を見出すか、それとも内も外も闇の中に暮らすか、である。

だが、内なる神の光を見出すということは、単にそれがそこにありますよと告げられることとは全く異なる。何故ならそのようなヴィジョンは個人のアイデンティティを粉砕するからである。「あなた方が［鏡の中に］あなた方の似像を見る時、あなた方は喜ぶ。しかしあなた方が、あなた方以前に生じたあなた方の似姿を見るならば、どれほどあなた方は耐えられるであろうか」[91]。自己満足の代わりに、人は消滅の恐怖を見出す。詩人のライナー・マリア・リルケもまた、神と対面する時、「全ての天使は恐るべきものである」と述べている。彼は言う、このような対面に臨むことは恐怖である――

あたかもこのような天使が猛々しく汝を尋問し、
星のように燃えながら汝を捕えようと殺到し、
汝を創造せんとするが如く屈服させせんとし、
汝なる者をこじ開けんとせんが如くに。[92]

「［我らなる者］をこじ開け」るものは、私たちが通常、自己確認に用いるものを粉砕する。性別、名前、民族、社会的地位、等々。そこで『トマス』は言う、「イエスが言った、『求める者には、見出すまで求めることを止めさせてはならない。そして、彼が見出すとき、動揺するであろう。そして、彼が動揺するとき、驚くであろう[93]』」。

最後にイエスはトマスに言う、「私の口から飲む者は私のようになるであろう。そして、私もまたその者になるであろう。そして、隠されていたものがその者に現れるであろう」[94]。恐らくはこれこそが、この福音書の著者がトマス、すなわち「双子」に帰せられたことの象徴的な意味である。トマスは言う、「生けるイエス」と対面することで、人は自分自身とイエスが、いわば一卵性双生児であることを認識する。同じくナグ・ハマディで発見された、シリアのトマス派の文書である『闘技者トマスの書』でも、「生けるイエス」はトマスに対し（そして言外に読者に対し）次のように言う。

お前は私の双子の兄弟であり、真の友であるのだから、自らを測り知り、お前が何者なのか……を学び知りなさい。お前は私の［兄弟と］呼ばれているのだから、お前が自らについて無知であるのは相応しくない。……お前は「自己を知る者」と呼ばれるであろう。自己を知らなかった者は何ものをも知らなかったが、自己を知った者は同時に既に万物の深淵について認識に達したからである[95]。

『トマス』を読んだ後に再び『ヨハネ』に戻った私は、思わず目を瞠った。と言うのも、『トマス』と『ヨハネ』は明らかに類似する言語とイメージに依っていたからである。そして両者とも、類似する「秘密の教え」から始まる。だが、ヨハネにおけるその教えの扱いはトマスとは全く異なっているので、ヨハネはもしかしたらトマスの教えに反論する目的で自らの福音書を書いたのではないか、と考えた。私はその可能性について数ヶ月もの間研究を重ね、同じくこの二書を比較した他の学者たちの研究を渉猟し、ついにそれが事実であると確信するに至った。学者のグレゴリー・ライリーが指摘しているように、ヨハネは――そして、ヨハネだけが――「ディディモと呼ばれたトマス」を批判的に描き出しており、[96]そしてライリーによれば、お馴染みの「不信のトマス」というキャラクターを創り出したのはまさにヨハネであり、そしておそらくそれは、不信心かつ虚偽の教師であるトマス――及び彼の説くイエスの教え――を崇める者を嘲る目的であったのだろう。ヨハネと呼ばれる書記は、自分の地元でトマス派キリスト教徒に会い――彼らの教えが他の土地のキリスト教徒集団に伝播することを恐れたのかも知れない。ヨハネはおそらく、ユダヤ教徒の一部もまた――『創世記』第一章を読み、崇める多くの異教徒と同様――「神の似姿」は人間の中にあると教えていることを知っていたのだろう。いずれにせよ、ヨハネは自らの福音書を書き、イエスこそが――そしてイエスだけが――神の言葉の受肉であり、ゆえに神の権威を以て語ることができるのである、ということを主張しようとしたのだ。

ならば、『ヨハネによる福音書』を書いたのは何者か。この問いにしかと答えることは出来ないが、そのテキスト自体にいくつかの手がかりが含まれている。私たちがヨハネと呼んでいる書記はおそらくイエスの信奉者であるユダヤ人で、多くの学者の指摘するところによればおそらくエフェソスもしくはシリアの首都であるアンティオキアに住み、一世紀の終わり頃（九〇年から一〇〇年頃）に執筆したのであろう。[97]一説によれば、彼は若い頃、おそらく一世紀半ばより以前に洗礼者ヨハネの帰依者であったという。ナザレのイエスもまたヨハネの説教を聞きに来て、ヨルダン川でヨハネから洗礼を受けた。洗礼者によれば、その洗礼は来るべき神の審判の日に備えるためのものであった。ある時点――おそらくヘロデ王が洗礼者の首を刎ねた後――で、このもうひとりのヨハネはイエスの信奉者となった。文章からすると、彼はユデアとその地のユダヤ教のしきたりに親しく、イエスの最後のイェルサレム行の際に他の弟子たちと共に従ったと思しい。

『ヨハネ』に付加された結末部分によると、その時以来、ヨハネは非常に長生きをしたので、イエスの信者の中には彼の存命中に神の王国が到来すること、そして彼が決して死ぬことがないことを望んだ者もいた[98]。教会の伝承によれば、ヨハネは老齢を迎えるまでエフェソスに暮らし、イエス信徒の間で霊的指導者として尊崇された――情熱的で歯切れのよい男で、ユダヤ教の伝統の中で育ち、決して粗野ではなかった。同時代のユダヤ人の多くがそうであったように、ヨハネはギリシアの哲学的・宗教的観念の影響を受けていた。だが、もしこの推測が正しければ――当たらずとも遠からずと考えているが――彼の老年期は厳しいものだっただろう。というのも、彼は故郷の会堂から追放され、ローマの迫害を受けていたと考えられるからである。すなわちヨハネは、悪意ある異教徒のみならず、同じユダヤ人とも敵対せねばならなかった――しかもその敵の中には、他のイエス信徒集団も含まれていたのだ。

二世紀以来今日まで、ほとんどのキリスト教徒は、この福音書の著者が実際にヤコブの兄弟ヨハネであると信じてきた。この二人の兄弟は、父のゼベダイと共に網の手入れをしているところをイエスに認められ、呼ばれた――「この二人もすぐに、舟と父親とを残してイエスに従った[99]」。これが正しいなら、ヨハネはペトロを頭とする「十二使徒」と呼ばれた集団の一人ということになる。だが『ヨハネによる福音書』自体（そしてこれに付加されたと考えられる結末部分）においては、これを書いたのは「イエスに愛された弟子」となっている。もしもゼベダイの子ヨハネがこの「愛された弟子」であるのなら、何故に彼の名は『ヨハネ』の中に一度も登場しないのか。そして何故に『ヨハネ』は「使徒」や「十二人」に言及しないのか。もしもその書記が十二使徒の一人であったのなら、何故そう言わないのか。何故、ペトロを頭と認めながら、同時にペトロを貶め、「愛された弟子」を身贔屓し、この――他の全ての点で匿名である――弟子の権威こそがこの福音書の信憑性を保証する、などと主張するのか。そもそも、ガリラヤ出の漁師風情に、これほどエレガントで簡潔な、かつ哲学的な文章が書けるものなのか。

これらの問題に関して、この二世代にわたる学者たちが何百という論文を書き、さまざまな解答を提示してきた。ある説によれば、この書記は別のヨハネ、すなわち「長老ヨハネ」であり、彼はエフェソス出身のイエスの信徒で、後のキリスト教徒が彼を使徒ヨハネと混同したのだという。また別の説では、弟子ヨハネはこの福音書の信憑性の証人であって、実際の書記ではない。また一説によれば、この書記は「十二使徒」とは別の、あまり知られていない信徒集団の名も無き指導者である。

さらに、この書記は一方ではペトロの権威とその教えを認めながら、一方では「愛された弟子」の方がペトロより上であると主張している。ゆえにヨハネは、ペトロをイエスの最初の弟子の一人として描きながら、『マルコ』『マタイ』『ルカ』に見られるような、ペトロが最初にイエスを認めたという話を語らない――この話は、マルコが、そして今日に至るまでの多くのキリスト教徒が、ペトロこそが弟子たちの頭であり、教会の創設者であることを物語るものとして受け取っている話である。のみならず、『マタイ』はさらに、イエスはペトロを自らの後継者として指名し、教会を建てる「岩」とした、という話を追加する[100]――この話は後に、ペトロこそが使徒継承の初めであり、歴代教皇の霊的祖先であると多くの人々が信じる典拠となった。『マタイ』は『マルコ』や『ルカ』と同様に、いわゆるペトロ派キリスト教徒――ローマを基盤とする集団――の観点を反映している。だがいずれにせよ、後に新約聖書に入れられる四つの福音書はいずれも、ペトロが頭であることを明記するか（『マタイ』『マルコ』『ルカ』)、あるいは少なくとも不承不承ながらそれを認めている(『ヨハネ』)。二世紀半ば以後、この党派は自らカトリック(文字通り「普遍的」)と称し、ローマ・カトリックとほとんどのプロテスタントの認めるところのキリスト教会の創設者となっている。

とはいうものの、一世紀のキリスト教徒の全てが、イエスがペトロを後継者として指名したことを認めるわけではないし、彼の党派をキリスト教会の礎と見做すわけでもない。それどころか、私たちがヨハネの名で呼ぶ福音書は、イエスのことを一番――ペトロ以上に――よく知っていたのは「イエスに愛された弟子」[101]、通常ヨハネその人とされる謎の匿名の弟子である、と主張しているのである。ヨハネはしばしば物語の中にペトロを登場させ、彼の重要さを認めてはいるものの、常に彼を「イエスに愛された弟子」の次に置き、この弟子こそがこの福音書の証人である、と述べる。たとえば『ヨハネ』によれば、最後の晩餐においてイエスの隣にいて彼の胸にもたれかかっていたのはこの「愛された弟子」であり、ペトロではなくこの弟子こそが、師よ、裏切り者は誰ですか、とイエスに直接訊ねる[102]。のみならず、ユダが、そしてペトロがイエスを裏切って逃亡した後も、「イエスに愛された弟子」は彼の母と共に十字架の傍らに留まり、死に逝くイエスは彼に自分の母親のことを託す。さらにまた、この弟子はローマ兵が他の罪人の死を早めるためにその脚を折るのを見、一人の兵士がイエスの身体を槍で刺すのも見届けた。後にマグダラのマリアがイエスの死体が墓から消えたことを告げると、彼とペトロは何が起きたのか見届けんと駆けつけた。『ルカ』によれば、ペトロが他の誰よりも速く走って真っ先にイエスの復活を知った。だが『ヨハネ』によれば、ペトロと愛された弟子の「二人は一緒に走ったが、もう一人の弟子の方が、ペトロより速く走って、先に墓に着いた」。ゆえに、彼こそが最初に「見て、信じた」者となったのだ。[103] そして復活したイエスがゲネサレ湖の畔で弟子の前に現れると、「イエスに愛された弟子」は最初に彼を認め、「ペトロに、『主だ』と言った」[104]。

この福音書の書記は、「十二使徒」の一人ではなかったかも知れないが、ペトロが頭であることを認めていた――だがそれには制限が付いていた。おそらく後世の付加である『ヨハネ』の終章では、イエス自らがペトロに教会を一任する（「私の羊を飼いなさい」）[105]。だが『ヨハネ』のイエスは、「愛された弟子」に対しては特別の謎めいた役割を用意しており、それについてペトロに語ることを拒否するのである。ペトロがその弟子を見て訊ねる、「主よ、この人はどうなるのでしょうか」。これに対してイエスは「私の来るときまで彼が生きていることを、私が望んだとしても、あなたに何の関係があるか。あなたは、私に従いなさい」としか言わないのだ。[106] このような物語は、ヨハネの教えがペトロのそれよりも勝っていることを示すのかも知れない。その中には、イエスが弟子たちに語り「愛された弟子」に書き留めるよう命じた「告別の講話」も含まれている。このような物語は、ペトロ派キリスト教徒と、それからヨハネが自分の聴衆として念頭に置いていた人々、すなわちいわゆるヨハネ派キリスト教徒との間に――必ずしも敵対関係ではないが――対抗意識があったことを示している。ヨハネ派キリスト教徒とは、「イエスに愛された弟子」こそ自らの霊的指導者と見做す人々である。

このような物語、そしてそれらがさまざまな指導者や党派の間に示す相違点の意味するところは、単なる権力闘争に留まらない。それはキリスト教信仰の実質にも関わっているのである。何故ならその物語自体が、問われているのはイエスとは何者か、そして彼に関する「福音（良き報せ）」とは何か、という中心問題であることを示しているからだ。当然ながら、各派はそれぞれ、己の信奉する使徒こそが

「福音」を最もよく理解していたと主張する。ゆえに、たとえば「グノーシス的」とされる『マグダラのマリアによる福音書』ですら、他の福音書と同様、自らの第一に信奉する使徒——この場合、マグダラのマリア——が「主」から直接の啓示を受け、イエスが彼女に教えを説く権威を授けた、と主張する。[107]

ヨハネがペトロと「愛された弟子」について書いている内容は、ヨハネがペトロの教えを受け入れていることを示しており、さらに彼は自分の福音書が「書かれたのは、あなたがたが、イエスは神の子メシアであると信じるため」である、とまで書いている。[108]だが彼自身の教えはさらにその先を行く。すなわち、一方ではイエスは神のメシアであるという点においてはペトロに——そして『マルコ』に——同意しながら、ヨハネはさらにその先まですなわちイエスは実際に「主にして神である」とまで説くのだ。[109]

このような主張が、仲間のユダヤ人たちの間では——それどころか、イエスの信徒たちの間ですら、過激と見做されるであろうことをヨハネは知っていたに違いない。学者ルイス・マーティンは、ヨハネは仲間の信徒らと共に「イエスを神と同一視した」という神聖冒瀆の罪によって故郷の会堂から追放された、としている。[110]その福音書の中で、ヨハネは自らのそのような状況を物語化し、イエスが盲人を癒すという奇蹟物語の形で表している。[111]自分自身とその信徒たちの代弁として、ヨハネは主張する、自分たちに罪があるとすればそれは、神が自分たちの目を開かれて真実が見えるようになったのに、他の会衆は盲目のままに留まっていることだ、と。ゆえにヨハネのヴァージョンでは、生まれつき盲目の男に遇ったイエスは、「地面に唾をし、唾で土をこねてその人の目にお塗りになった。そして、『シロアムの池に行って洗いなさい』と言われた。そこで、彼は行って洗い、目が見えるようになって、帰って来た」。[112]だが、この男が「見える」ようになったのはイエスの神的な力のゆえであるにも関わらず、他の者たちはこれを否定している。ゆえにヨハネは言うのだ、「ユダヤ人たちは既に、イエスをメシアであると公に言い表す者がいれば、会堂から追放すると決めていたのである」[113]。この男の両親――すなわち、ヨハネの寓意においては古い世代の人々――は、イエスの力を認めようとしない。何故なら、彼によれば、「ユダヤ人たち」によって追放されるのを恐れたからである。だが目を開かれた男は会堂の祭司たちに反抗し、イエスへの信仰を告白(「主よ、信じます」)して彼を拝む[114]。

このように、ヨハネは暗黙の内にイエスを――そして彼の癒しと変革の力を――自分自身の時代に置く。生まれつき盲目の男が会堂から追放されるというこの物語は、ヨハネ自身と仲間の信徒の体験を反映しているのだ。彼らもまた「生まれつき盲目」であったが、今やイエスのおかげで、「見える」ようになった――だがその代わり、同胞たちから拒絶されてしまうのだ。ゆえにヨハネの信徒たちは、この物語の最後にあるイエスの辛辣かつ皮肉な言葉に安心し、感謝するのである。「私がこの世に来たのは、裁くためである。こうして、見えない者は見えるようになり、見える者は見えないようになる」[115]。イエスは言う、救済を授けることのできるのはただ自分だけである、と。「私より前に来た者は皆、盗人であり、強盗である。……私は門である。私を通って入る者は救われる」[116]。かくして『ヨハネ』のイエスは、ヨハネの信徒たちを励ますのである。彼らは既に「この世」から迫害を受けているが、ただ彼らだけが神に属しているのだ、と。

拒絶されることによって逆に駆り立てられ、人々を改宗せしめんと決意したヨハネは、同胞であるユダヤ人たちに問いかける。その中には、彼自身と同様、イエスの信奉者たちも大勢含まれていた。ヨハネにとっては、イエスが単なる預言者であるとか、ラビであるとか、イスラエルの未来の王であると信じる者たちは誤っているわけではない。だが、彼らはイエスの神の「栄光」に対して盲目なのである。ヨハネ自身の説いたヴィジョンは、さらにラディカルであった——それ故に彼は最終的にユダヤ人の中で、さらにはユダヤ人キリスト者の中ですら孤立するに至ったのだ。ヨハネは主張する、イエスは単にイスラエルの未来の王であるのみならず、メシアにして神の子であるのみならず、「モーセよりも偉大」であり、アブラハムよりも年長である、と。『ヨハネ』のイエスは、敵意を剥き出しにする群衆に対して、「アブラハムが生まれる前から、『私はある』と宣言する。[117] これによってヨハネは、イエスが自ら、神がモーセに明かした聖なる御名（「人々にこう言うがよい。『私はある』という方が私をあなたたちに遣わされたのだと」[118]）を名乗っていることを読者に示唆しているのだ。すなわち、イエスはまさしく、人の姿を採った神自身であることを。

彼の言葉を疑う人々に対してヨハネは言う、神の審判であるイエスは、この「良き報せ」を拒絶する者に対して裁きを下す、たとえ彼らがユダヤ人の主流であろうと。むしろ真実を見出し、これを周囲の不信心な世に説く一握りの信仰篤き者だけが救われるのだ、と。ヨハネによれば、「ユダヤ人たち」はイエスその人を（ゆえに、その信徒たちも）狂人もしくは悪霊憑きと見做した。ヨハネは言う、イエスが「神を名乗った」と言って彼を殺そうとしたように、彼らはこのような神聖冒瀆を信ずる信徒たちをも憎み、殺そうとするだろう。「あなたがたを殺す者が皆、自分は神に奉仕していると考える時が来る」[119]。だがヨハネは、神の裁きはそうではない、と説く。「御子を信じる者は裁かれない。信じない者は既に裁かれている。神の独り子の名を信じていないからである」[120]。ヨハネにとっては、イエスは既に王国のメッセンジャー以上の存在であり、のみならず未来の王以上の存在でもある。すなわち、イエスその人が、メッセージとなったのだ。

ヨハネの——あるいは、言ってしまえば別にマルコでもトマスでも、他の誰でも良いのだが——メッセージを聞く者は、何を信ずるべきであるかを如何にして決めることができたのか。さまざまなキリスト教宗派が特定の使徒や弟子への忠誠を宣言し、彼らこそが自らの派の開祖である（この開祖は男性に限らない。マグダラのマリアをそう主張する派もある）と主張し、自らの教えを正統とする。既に西暦五〇年から六〇年頃、パウロはさまざまな宗派の人間が、たとえば「私はパウロにつく」とか「私はアポロに」[121]などと言っていることに不満を表明している。何故なら、さまざまな使徒——そこにはヨハネのみならず、ペトロやマタイ、トマス、そしてマグダラのマリアも含まれる——についての物語を書く者はしばしば、イエスは自派の尊崇する使徒を特に好んでいたと主張することによって自派の教えを推進する。ゆえにヨハネはペトロを頭と認めていながら、「愛された弟子」の方が霊的理解においてはペトロを凌いでいた、と主張するのである。ヨハネはまた、他党派は別の使徒について同じような主張をしていることに気づいていた。たとえばトマス派キリスト教徒が、自分たちの尊崇する使徒トマスこそがペトロよりも理解が深かったと述べていることも知っていただろう。ヨハネの福音書は当初、イエスの中に神がいるという点でトマスに同意するように見せつつ、最後にヨハネはトマスに関する三つの逸話を語り、トマス派キリスト教徒が如何に誤っているかを示すのだ。

ヨハネの福音書の冒頭は、トマスと同様、『創世記』第一章を思い起こさせる——曰く、時の初めより、神の光、「万人の光」は輝いていた——

初めに『創世記』一章一節〕言があった。言は神と共にあった。言は神であった。……言の内に命があった。命は万人の光であった。[122]

だがそれに続く行でヨハネは、私たちは自らの内にある神の似姿を通じて直接神と繋がることができる、というトマスの主張を補うのではなく、否定しようとしている。何故なら、ヨハネは直ちに、この神の光はこの世を包んでいる深い闇に浸透することは出来ない、と付け加えるからである――それも三度も！　確かに彼は、時の初めよりこの神の光が「暗闇の中で輝いている」と認めはするが、その直後にこう付け加えるのだ、「暗闇は光を把握しなかった[123]」（ここで用いられているギリシア語の動詞katalambaneinは、「捉まえる」と「理解する」の両方の意味がある）。さらに彼は言う、「神の光はこの世にやって来て、世はそれによって成ったが、世はそれを認識しなかった[124]」。それからヨハネは、その光が「自分の民――すなわち神の民イスラエル――のところへ来たが、民は受け入れなかった」と言う。[125]かくして、この神の光は「この世」にある人々には手にすることが出来ず、最後に「言は肉となって、私たちの間に宿られた[126]」。それがナザレのイエスである。ゆえに選ばれた者は高らかに宣言する、とヨハネは言う、「私たちはその栄光〔このギリシア語はヘブライ語のkabodを訳したもので、後者の意味は「輝き」「放射」〕を見た。それは父の独り子としての栄光であった[127]」。かくして目に見えない神は、その啓示の瞬間に目に見える、手に触れられる者となった。後にヨハネに帰せられる書簡に曰く、「私たちが聞いたもの、目で見たもの、よく見て、手で触れたものを伝えます[128]」。

だがトマスのように、私たち自身がイエスの如き者なのだ（あるいはそうなる可能性があるのだ）と主張する人々に対しては、ヨハネはきっぱりと「否」と言う。イエスは独自の存在――ヨハネの好んだ表現で言えば、「神のひとり子／比類なき者《モノゲネス》」[129]である。と言うのも、彼によれば神には子は一人しかおらず、それはあなたでも私でもない。確かにヨハネは他の新約聖書の福音書記よりも踏み込んでおり、イエスは単にその地位に上げられた人間（「メシア」「神の子」「人の子」）であるばかりではなく、人間の形を採った神自身であるとし、おそらく『創世記』一章二十六節にある人間は神の似姿であるという教えを受け入れてはいるが、元来人間は神を知る能力は持ち合わせてはいないと言うのだ。ヨハネの福音書の主張――それは以後、キリスト教徒の大多数に受け入れられることになるが――は、イエスを信じることによってのみ、私たちは神の真理を知ることができる、というものである。

この主張こそがヨハネの第一の関心であるので、彼のイエスはマルコやマタイやルカのイエスのように、倫理的・終末論的教えを垂れることがない。「山上の垂訓」もしなければ、行動の規範となる喩え話もしないし、世の終わりの予言もしない。その代わり、ヨハネの福音書では――そして、ヨハネの福音書においてのみ――イエスは常に自分が神であることを宣言し続け、新約学者が「アイ・アム言説」と呼ぶものを繰り返す。「私は道である、私は真理である、私は光である、私は葡萄の木である、私は命の水である」――全ては、私たちの最も深い欲求を満たす唯一の神的根源の比喩である。ヨハネのイエスが弟子たちに求めるのは、ただ信ずることだけである。「神を信じなさい。そして、私をも信じなさい[130]」。そうして、信じる者に親しく語りかけながら、「私があなたがたを愛したように、互いに愛し合いなさい」と促す[131]。信者が一丸となったこうした強い相互扶助の感覚だけが、彼らが直面する外部からの憎悪と迫害に耐えせしむるのである、と[132]。

かくして私たちは、ヨハネのメッセージが如何にトマスのそれとは対照的かを見ることができる。トマスのイエスは各々の弟子に、内なる光を見いだせ、と説く（「光の人の中に光がある」[133]）、これに対してヨハネのイエスは「私は世の光である」と説き、「私に従う者は暗闇の中を歩かない」と言う。[134]トマスにおいては、イエスは弟子たちに「あなた方は王国から来たのであり、そこに帰るであろう」と明かし、「私たちは光から来た」と言いなさい、と教えている。これに対してヨハネのイエスは、自分はただ一人「天から」やって来た者であり、ゆえに他に絶する権能を持っているとして語る。「あなたたちは下から来たものだが、私は上から来たものである。……上から来たものは、万物に絶している」[135]。イエスだけが神に由来するのであり、彼だけが神への道を示しうる。ヨハネは倦むことなく、人はイエスを信じ、イエスに従い、イエスに服し、イエスを神のひとり子と告白せねばならない、と唱え続ける。私たちは彼の「双子」ではない。ましてや（たとえ潜在的にも）彼と同等ではないのだ。私たちは彼に従い、彼を信じ、人の形を採った神として崇めねばならない。ゆえにヨハネのイエスは言うのだ、「私が彼であるということを信じないならば、あなたたちは自分の罪のうちに死ぬことになる」[136]と。

ヨハネは言う、私たちはイエスとは全く別物であり、ゆえに彼は唯一の救済の希望なのである、と。ヨハネは言う、もしもイエスが私たちと同様なら、彼は人類が「罪の内に死ぬ」ことから救うことは出来ないだろう、と。ヨハネにとっての希望は、イエスが私たちを罪と永遠の断罪から救うための贖いとなるためにこの世に降りてきたということであり、その後——肉体的に——死から復活したということである。ヨハネは言う、イエスの洗礼の物語のクライマックスは、『マルコ』のようにイエスが神の王国の到来を告げるところではなく、洗礼者ヨハネがイエスの到来を告げるところである。「見よ、世の罪を取り除く神の小羊だ！[137]」。

神の側に行くには、私たちは「水と霊とによって再び生まれなければならない[138]」――すなわち、イエスへの信仰を通じた再生である。洗礼によって授かるこの霊的な生命には、超自然的な滋養が必要である。ゆえに、ヨハネのイエスは宣言する――

人の子の肉を食べ、その血を飲まなければ、あなたたちの内に命はない。私の肉を食べ、私の血を飲む者は、永遠の命を得、私はその人を終わりの日に復活させる。私の肉はまことの食べ物、私の血はまことの飲み物だからである。[139]

イエスが提供する永遠の命への道は、彼の死と復活を記念する聖なるパンと葡萄酒の聖餐に参加する信者のものなのである。

マルコ、マタイ、ルカはいずれも、トマスを単に「十二使徒」の一人としか述べていない。ただヨハネだけが彼を特に指名し、「不信のトマス」というキャラクターを与えている――イエスが何者なのか、彼の言葉は何を意味しているのかが理解できず、他の弟子たちの証言を否定する男である。それからヨハネは、復活のイエスが直々にトマスの許を訪れて彼を非難し、跪かせる次第を語る。これを読んだ私たちは、この二千年間のほとんどのキリスト教徒と同様、トマスという男は特別鈍く、信仰なき弟子であった、と思い込んでしまう――だがヨハネと同時代のキリスト教徒の多くは、イエスの「秘密の言葉」を託された人物であり、類い希なる弟子として、トマスを尊崇していたのである。学者グレゴリー・ライリーによれば、ヨハネがトマスをこのように描き出しているのは、トマス派キリスト教徒とその教えを非難するという、実際的——かつ論争上の——理由があったという[140]。ヨハネによれば、イエスは何の証拠も求めずに「見ないのに信じる人」を称揚し、トマスを「信仰なき者」と非難する。何故なら彼は真実を自分自身の経験に基づいて確かめようとするからである。

ヨハネは、それ以来、ほとんどのキリスト教徒の心に住み着くことになるトマスのイメージ——「不信のトマス」！——を植え付ける逸話を三度も語っている。まず最初にトマスは、イエスがこれからユデアへ行ってラザロを生き返らせようと言うのを聞いたが、これを信じず、「自暴自棄になって『私たちも行って、一緒に死のうではないか』と言った」[141]。すなわちヨハネのトマスは、イエスの言葉を聞きながらこれを疑い、彼が他の人と同様に単なる人間であると思い込んでいるのである。

第二の逸話では、自らの死を予感したイエスが、彼自身と神を信じるように弟子たちに告げ、「あなた方のための場所を用意」し、神への道を示すと約束する。ゆえに彼は言う、「私がどこへ行くのか、その道をあなたがたは知っている」[142]。だが弟子たちの中でトマスだけが、そんなことは何も知らない、と反論する。「トマスが言った。『主よ、どこへ行かれるのか、私たちには分かりません。どうして、その道を知ることができるでしょうか』」。これに対してヨハネのイエスは、この無知にして愚鈍な弟子に宣言する。その内容はおそらく、イエスの独自性を理解できない全ての者に対して言ってやりたい、とヨハネが考えていた内容そのものである。「イエスは［トマスに］言われた。『私は道であり、真理であり、命である。私を通らなければ、誰も父のもとに行くことができない』」[143]。

第三の逸話では、死んだ後のイエスが、わざわざトマスを非難するために戻ってくる。ルカははっきりと、磔刑の後に復活したイエスは「十一人」[144]——すなわちイスカリオテのユダを除く全員——のところに現れた、と書いている。マタイもまた、彼が「十一人の弟子たち」[145]のところに現れたとしている。だがヨハネは違う。ヨハネはわざわざこう言うのだ、「十二人の一人でディディモと呼ばれるトマスは、イエスが来られたとき、彼らと一緒にいなかった」[146]。

ヨハネによれば、トマスが出席できなかった集いは極めて重要なものであった。というのもイエスは、十人の弟子に挨拶して祝福を与えた後、正式に彼らを使徒に任命したからである。「父が私をお遣わしになったように、私もあなたがたを遣わす」。それから、「彼らに息を吹きかけて」聖霊の力を授け、最後に罪を許したり許さなかったりする彼の権能を移譲する[147]。この物語の意味するところは明らかである。この集いに出席しなかったトマスは使徒ではなく、精霊を授けられてもおらず、ゆえに他の弟子たちが復活のイエスから直々に授けられた、罪を許す力も持っていないのだ。さらにその上、彼らがイエスと会ったという話を聞いたトマスは、その後永遠に彼を——ヨハネによる演出によって——「不信のトマス」として知らしめることになる言葉を吐く。「あの方の手に釘の跡を見、この指を釘跡に入れてみなければ、また、この手をそのわき腹に入れてみなければ、私は決して信じない」。一週間後、復活のイエスが再び現れるというクライマックスシーンにおいて、ヨハネのイエスはトマスの信仰の薄さを詰り、信じるように言う。「信じない者ではなく、信じる者になりなさい」。ついにトマスは打ちのめされ、降伏し、口ごもりながら言う。「私の主、私の神よ！」[148]。

ヨハネにとって、この場面は「とどめの一撃」である。ついにトマスは理解した、そしてイエスは他の敬虔な弟子たちに言う、「私を見たから信じたのか。見ないのに信じる人は、幸いである」[149]。かくしてヨハネは、読者全員に警告する、自分自身で確かめられないもの——すなわち、彼自身が証人であると宣言する福音のメッセージ[150]——を信じねばならない、さもなくば神に呪われることになる、と。ヨハネはたぶん、この場面を書いて気分が良かったのかもしれない。というのも、ここでトマスはついに、経験的真実の探求——彼の「不信」——を諦め、ヨハネが自分の福音書の真実と見做しているものを信仰告白するからである。このメッセージは、トマス派キリスト教徒にとっては効き目があっただろう。

　このような、イエスの捉え方の違う人に対して、ヨハネは自らの妥協なき信念を受け入れるよう迫る。すなわち、ただイエスだけを信じることが救済をもたらす、と。これに耳を傾ける人には、ヨハネは大きな報いを用意している——罪の許し、神の民との連帯、死を克服する力。トマスの謎めいた言葉の代わりに、ヨハネはイエスの生と死と復活の物語に示される単純な公式を与える——「神はあなた方を愛している。信じよ、されば救われる」。ヨハネは、自らの物語の中に、二千年にわたってキリスト教徒たちに愛され語られた場面を挿入した。カナの婚礼、ニコデモとイエスの夜の出会い、サマリア人の女と井戸端で出会い、水を所望するイエス、イエスに対し「真実とは何か」と問うピラト、「愛された弟子」に母親を託す磔刑のイエス、「不信のトマス」、復活のイエスを庭師と間違うマグダラのマリア。

　そして言うまでもなく、ヨハネは勝った。次章で詳述するが、二世紀の終わりに向かうに連れて、教会指導者エイレナイオスを初めとする小アジアやローマの特定のキリスト教徒らがヨハネの福音書を擁護し、それは「ゼベダイの子である使徒ヨハネ」の権威を獲得した。エイレナイオス、そして彼以後のキリスト教徒のほとんどが、彼を「愛された弟子」と同一視したのだ[151]。その時から今日に至るまで、迫害や悪意や誤解を受けたキリスト教徒たちは、「世」に憎まれようとも、彼らだけが神に愛されている、というヨハネの宣言に慰藉を見出してきた。そしてたとえ迫害がなくとも、ヨハネの福音書が引いた、「世」と「イエスの民」との間の境界線は、多くのキリスト教徒にとって、確実なる救済に根ざした連帯感の基盤となってきた。

だがトマスの福音書の発見によって、他の初期キリスト教徒たちは「福音」というものを全く別様に理解していたということが明らかとなった。宗教的に不十分であるとしてヨハネが拒絶したもの——神は「光」として万物の中にいるという信仰——は、トマスの福音書が主張する隠された「良き報せ」に瓜二つだったからである。(152) 『トマスによる福音書』を読む今日のキリスト教徒の多くは、まず最初に、これは間違いであって異端と呼ぶのが当然である、と考える。だが、キリスト教徒が非難がましくグノーシスだの異端だのと呼んでいるものは、時には単に私たちに馴染みがないだけで、れっきとしたキリスト教の教えのひとつであったことが明らかになったのだ——それが馴染みがないのは、ヨハネのような活発で強力な敵がいたからに他ならない。

では、何故ヨハネは勝ったのか。この問題に答えるには、彼の読者の第一世代が直面した問題を考察せねばならない。

3章　神の言葉か、人の言葉か

『グノーシス諸福音書』〔邦題『ナグ・ハマディ写本』〕を書いて一年ほど経った素晴らしい十月の午後、私はサンフランシスコにある禅センターの茶席に招かれた。同席したのはベネディクト派の修道僧である兄弟デイヴィッド・スタインドル＝ラスト。私たちを招いてくださった老師《ロウシ》はアメリカ人で、名はリチャード・ベイカー。彼は若い頃、ボストンから京都に渡り、そこで仏門に入って鈴木俊龍老師の弟子となった。「とは申しましてもな」——と彼は笑った——「もしも拙僧が『トマスによる福音書』を知っておったなら、わざわざ仏教徒にはならなんだでしょうな！」。兄弟デイヴィッドは首を振った。彼はこの日の朝に禅僧たちを相手に簡明かつ鋭敏な使徒信経の講義を行なったばかりだった。デイヴィッド曰く、『トマス』を初めとするいくつかの非正統的な福音書はキリスト教神秘主義の著作物かも知れないが、それらは本質的に、教会の提供するものと何ら変りはない。「これらのテキストの中には、教会の偉大な神秘主義者、たとえば聖テレサや聖ファン・デ・ラ・クルスの著作の中に見出し得ないものは何もないのです」。

それは違うと思うわ、と私は言った。まず第一に、アビラのテレサとファン・デ・ラ・クルスは——

それに、一七世紀ドイツの神秘主義者であるヤーコプ・ベーメを初めとする、異端として破門された人たちは言うまでもなく——どのような「啓示」であれ、これを修道院長に打ち明けたが最後、正統教義に適応するものに——あるいは、適応しているように見えるものに——変えられてしまうということをはっきり認識していた。キリスト教神秘主義者は、ユダヤ教やイスラム教の神秘主義者と同様、自分を神と同一視しないように常に気を配っていた。でも『トマスによる福音書』は、自分自身と神との親和性を認識することが神の王国への鍵だ、と言っている。ロンドンのラビ長の十三番目の息子として生まれた瞠目すべき学者セオドア・ガスターによれば、ユダヤ教神秘主義者は、神との関係については語るけれど、同一化については語らないように注意を払っているという。「マルティン・ブーバーではないが、ユダヤ教神秘主義者は『我と御身』という言い方は出来るけれども、『我は御身なり』とは決して言えない。これがヒンドゥー教なら言えるんだがね。たとえば、tat thvam asi［『汝はあれなり』］などのように」(1)。

正統派のユダヤ教徒やキリスト教徒は、言うまでもなく、神と私たちの間の親和性を完全に否定してきたわけではない。だがその指導層は、人々が自ら神を探求しようとする行為に反対、もしくは少なくとも制限しようとする傾向があった。このことはおそらく、今の世の中でキリスト教徒やユダヤ教徒として育った人が、西洋の伝統の中に見いだせなかったものを補完するために他所に目を向けることの理由になるだろう。マサチューセッツ州スペンサーの聖ヨセフ大修道院の元大修道院長であるトマス・キーティング神父は、シトー会修道士となって五十年以上にもなるが、その彼ですら、仏教やその他の伝統宗教、そして現代科学などの分野の人々と語りあうことによって、彼の言う「センタリング・プレイヤー」というにしえの行法を深めようとしている。キーティング神父によれば、仏教の瞑想法のいくつかの要素は、キリスト教の伝統に経験的な手法を提供し、神の真理を悟る一助となるという。一九四〇年代にベストセラーとなった『七層の山』で知られる著名なトラピスト修道士トーマス・マートンは、キーティングと同じく仏教の伝統を探求している。このように敬虔なキリスト教徒の中にも、神を探求したいという衝動はひとつの伝統の枠を超えて溢れかえっているのだ。

だが既に見たように、イエスの死から一世紀も経たぬ頃、彼の最も敬虔な信徒の一部は、幅広い「キリスト教文書」を排除しようとしていた。ましてや、当時はよく行なわれていた他の宗教伝統からの聖典の借用については言うまでもない。だが何故、そして如何なる状況に於いて、初期教会の指導層は自分たちの運動の生き残りのためにこうしたことが必要であると感じたのか。そして何故、『ヨハネ』のようにイエスを「神のひとり子」と宣言する人々が後の伝統を支配し、一方でトマスのように弟子たち自身がイエスと同様に「神の子ら」であるという認識を奨励するヴィジョンは抑圧されたのか。

伝統的にキリスト教の神学者は、「聖霊が教会を真実に導く」と宣言してきた――そしてこの宣言はしばしば、生き残ったものこそが正しいという意味に解されてきた。宗教史家の中にはこの信仰を合理化し、ちょうど科学史に於けるように、キリスト教史に於いても弱点のある誤った考えは早期に死滅し、強く正しいものが生き残ると唱えた者もいる。傑出した新約学者でローマ・カトリックのシュルピス会士であった故レイモンド・ブラウンは、あからさまにそう唱えていた。正統的キリスト教徒が拒絶したものは単に「二世紀における塵芥」に過ぎず――そしてそれは「今なお塵芥である」と。[2] だがこういう言い方をしてしまうと、初期教会の指導層が何故、そしてどのようにしてキリスト教の教義の基礎を定めたのか、という肝心な点が全く解らなくなってしまうのである。そのときそこで何が起こったのかを理解するためには、西暦一〇〇年から二〇〇年までの決定的な時期に信徒たちが直面した批判（及び危険）、そしてキリスト教伝統の創設者となった人々がこうした批判にどのように対処したか、を見る必要があるのだ。

『ヨハネ』や『トマス』が書かれてからおよそ八十年後、すなわち一九〇年頃に、北アフリカの港都カルタゴで活動した改宗者のテルトゥリアヌスという人がいる（彼とその同時代人たちはその時代を皇帝コンモドゥスの治世の時代と呼んだかも知れない）。彼によれば、キリスト教運動は多数の新参者を巻き込んでおり――部外者はこれに警戒を覚えていた。

国中にキリスト教徒が満ちている、との声は喧しい――彼らは田園にも、都市にも、島々にもいる。そして［外部の者たちは］それがあたかも禍いであるかのように、慟哭する――男も女も、年齢と地位とを問わず、非常に高い地位にある人々までもが、キリスト教の信仰を告白しようとしているということを。(3)

テルトゥリアヌスは、非キリスト教徒である多数派の粗野な懐疑主義を嘲笑し、執政官も同じ懐疑を抱いていることを弾劾する。

［我らは］悪の怪物［と呼ばれ］、祭祀に於いては幼い子供を殺して喰うと非難されている。しかる

後に近親相姦を行ない、その間は犬が灯りを覆して、我らの欲望を満たす恥ずべき暗闇を作り出す、と。これは常に人の非難するところである。だが、真実を見出すことは雑作もない……そう、あなた方は、キリスト教徒ならどんな罪を犯しても不思議はないと思っている――神々と、皇帝と、法律と、良き道徳と、あらゆる自然の敵であると。[4]

テルトゥリアヌスは嘆く、ローマ帝国の全土で、すなわち彼の生まれたアフリカからイタリア、スペイン、エジプト、小アジア、さらにはゲルマニアやガリアなどの属州に至るまで、キリスト教徒は散発的な暴力の標的となっている。ローマの執政官はしばしばこれらの事件を無視し、時には自ら参加している。たとえば小アジアの港都スミルナでは、群衆が「無神論者を捕えろ！」と叫んで改宗者ゲルマニクスをリンチし、著名な僧ポリュカルポスを逮捕・処刑させた。[5]

部外者の見方は、どのキリスト教宗派と遭遇したかによってかなり違う。現在のトルコにあるビテュニアの総督プリニウスは、彼らが破壊活動分子を匿うのを防ぐために、キリスト教徒として告発された者を逮捕させた。情報収集のため、彼の兵士たちは奴隷であった二人の女性信徒を拷問した。その自供によればそのカルトは「特定の日の夜明け前に定期的に集まって、神に捧げるような聖歌をキリストに対して歌っていた」。彼らは人肉を喰い、血を飲むという噂があったが、実際には「普通の無害な食べ物」しか食べていないことが判った。皇帝トラヤヌスへの彼の報告書に曰く、実際に犯罪が行なわれた証拠は何一つ見いだせなかったが、「処刑のため連れ去るよう命じました。というのも、彼らの信仰が如何なるものであれ、その強情ぶりと頑迷狷介は、処罰を免れるものではないと確信致したためです」。[6]

だがそれから二十年後のローマでは、長官ルスティクスが、カルトというより哲学セミナーのメンバーのような五人のキリスト教徒集団を尋問していた。生徒たちと共にとがめを受けた哲人殉教者ユスティノスは、志を同じくする信徒たちと「テモテの浴場の上」にある一室に集まり、「キリスト教の哲学」を論じ合ったことを認めた。(7) だがルスティクスは、プリニウスと同様、これに反逆罪の疑いをかけたのである。ローマの神々に犠牲を捧げよ、という命令をユスティノスと弟子たちが拒むと、長官は彼らを打たせ、それから首を刎ねさせた。

ユスティノスの死から三十年後、キリスト教徒を嫌っていたケルススという哲学者が、キリスト教の運動を明らかにする『真の言葉』という本を書いた。それによると、彼らのあるものはアッティスやキュベレイなどの異国の神の狂信的な信者のような振る舞いをし、またあるものは魔術や呪文を駆使し、またあるものはギリシア人やローマ人の目から見れば野蛮な東方風のユダヤ人の慣習を行なう、という。またケルススによれば、地方の広い領域において、キリスト教徒の毛糸職人、靴職人、洗濯女など、「上の者のいる前で話すのを恐れるはずの人々」が、屋敷の軽信者たち――奴隷、子供、それに「愚かな女たち」――を作業場に集め、イエスが奇蹟を起こしたとか、死後に墓から甦ったというような話を聞かせる。(8) 名誉ある市民の間では、キリスト教徒たちによる暴行、乱交、過激な政治思想の疑いが常にあり、特に秘密主義的カルトは今も過激派と見做されていて、人々は自分たちの友人や親族が彼らに誑かされないかと恐れている。

初期キリスト教が極めて多様であったにもかかわらず――そしておそらくは多様であったがゆえに――この運動は急速に拡散し、二世紀の終わりまでにはキリスト教徒の党派は、これを止めようとする試みも虚しく、ローマ帝国の至る所に増殖していた。テルトゥリアヌスは勝ち誇って言う、「お前たちによって刈り取られれば刈り取られるほど、ますます我々は栄える。キリスト教徒の血は種子なのだ！」(9)。だが、この傲然たるレトリックは、彼をはじめとするキリスト教指導層の直面していた問題を解決したわけではない――すなわち、如何にしてこの極めて多様、かつ広範囲な運動を纏め、強化し、敵に対抗して生き残っていくのか、である。

テルトゥリアヌスより年下のエイレナイオスは、しばしばリヨンの司教と呼ばれるが、彼もまたテルトゥリアヌスの語っている敵意を体験している。最初は故地であるスミルナ（今日のトルコのイズミル）で、次にガリア（現在のフランス）にある粗野な田舎町リヨンで。エイレナイオスはまた、キリスト教の諸党派を分裂させている厄介な問題も目撃していた。少年時代、彼は師のポリュカルポスの許に身を寄せていた。ポリュカルポスは徳の高いスミルナの司教で、敵ですら彼を小アジアの教師と呼んでいたほどだ(10)。当時のキリスト教徒が多数の小集団に分かれて世界中に散っていることは知っていたが、エイレナイオスは師と同様、全世界のキリスト教徒が「カトリック」と呼ばれる唯一の教会の一員となる日を夢見ていた(11)。「カトリック」とは「普遍的」を意味する。この世界規模の共同体を作り上げるために、ポリュカルポスはあらゆる逸脱を戒めていた。エイレナイオスは、ポリュカルポスの好んで語ったという逸話を記録している。曰く、ポリュカルポス自身の師である「ヨハネ、主の弟子であるヨハネ」――伝統的に『ヨハネによる福音書』を書いたとされる人物――は、かつてエフェソスの公衆浴場に出かけたが、そこで彼が異端と見做しているケリントゥスを見かけるや、「湯浴みをすることもなく浴場から飛び出して叫んだ、『逃げろ、浴場が崩壊するぞ。真理の敵であるケリントゥスが中にいる』」。エイレナイオスはこの話に加えて、ポリュカルポス自身が異端に対してどう接していたかを示す逸話も記録している。有力な、だが論争好きなキリスト教の師マルキオンがポリュカルポスに面と向かって訊ねた、「私が誰だか判るか」。ポリュカルポスは応えた、「ああ判るとも――サタンの惣領め！」[12]。

エイレナイオスによれば、こうした逸話はつまり、「使徒やその弟子たちが、真理を腐敗させる者たちと語り合うことすら恐れていたということを示している」[13]。だがこれらの逸話にはまた、エイレナイオスの直面していた厄介ごとも示されているのだ。それはつまり、すでにヨハネがペトロ派キリスト教徒にお墨付きを与え、トマス派キリスト教徒を敵視してから二世代を経たというのに、依然としてキリスト教運動は争いと分裂のさなかにあった、ということである。ポリュカルポス自身、「悪の欺瞞と共に「キリスト教徒の」名を持つ者」を糾弾している[14]。と言うのも、彼らの教えていることはしばしば、彼が自らの師から教わったことと違っているからだ。そしてエイレナイオスもまた、自分の実践しているものこそが真のキリスト教であると信じていた。何故なら彼の師であるポリュカルポスは、ヨハネすなわち「主の弟子」自身を通じて直接イエスの教えを聞いた人物であるのだから[15]。この弟子こそが『ヨハネ』を書いた本人であると信じていたエイレナイオスは、この福音書の最初の擁護者となり、これを『マルコ』『マタイ』『ルカ』に結合させた。彼の同時代人であったシリア人タティアノスは、また別のアプローチを採っている。タティアノスはあの哲人殉教者ユスティノスの優れた弟子であり、ルスティクスに殺された人物である。彼はさまざまな福音書をリライトし、ひとつのテキストに統合しようとしたのだった[16]。これに対してエイレナイオスは、テキスト自体には手を触れることなく、ただ『マタイ』『マルコ』『ルカ』『ヨハネ』は共同的に――かつこれらのみが排他的に、完全なる福音書を構成していると主張し、これを「四書から成る福音書」と呼んだ。エイレナイオスによれば、これら四つの福音書だけが、神による人類救済を示す出来事を直接目撃した人によって書かれたものなのである。この四つの福音書正典は、自分の目の黒いうちにキリスト教運動を統合・連帯させようとするエイレナイオスの目論見にとって強力な武器となり、それ以来、現在もなお正統教義の基盤となっている。

ポリュカルポスは自らスミルナで信徒たちの監督と指導に当たりながら、ケルト人のガリアの地に盟友ポティヌスを送り込んだ。そこに植民していたギリシア語を話すキリスト教徒党派を纏め、統合させようというのである。後に彼は、当時十六か十七であった弟子のエイレナイオスをポティヌスの許へ送った。だが一六七年の冬、スミルナでキリスト教徒に対する人々の悪意が爆発し、ローマの守備隊は田舎の友人宅に身を寄せていたポリュカルポスを逮捕した。ポリュカルポスは無神論の罪に問われ、総督命令によって皇帝のゲニウス（皇室の神）への信仰を誓うこと、キリストを呪うこと、「無神論者（キリスト教徒）を除け」と言うことを命じられたが、これを拒絶した。当時八十六歳の司教は闘技場に連れ出され、そこで敵意を剥き出しにして騒ぐ群衆に対して拳を突き出し、傲然と叫んだ、「無神論者を除け！」。それから彼は裸に剥かれ、柱に縛り付けられ、生きたまま焼かれた。[19] この時ちょうどローマを訪れていたエイレナイオスによれば、まさにその日、すなわち西暦紀元一六七年二月二三日の午後、突然「喇叭のような声」が聞こえ、愛する師の身に起きた出来事が告げられたという。後に、目撃者の話を基に、彼は（あるいはポリュカルポスの他の弟子は）師の逮捕、尋問、死を描いた感動的な記録を書き残している。

十年後、おそらくまだ二十代であったエイレナイオスは、自分の住んでいたリヨンで、そして三十マイルほど離れたヴィエンヌの街で、キリスト教徒に対する集団暴行をその目で見た。当局は既にキリスト教を禁じており、彼らを穢れた人々と見做し、公衆浴場や市場、そして最後には町の神々に守られたあらゆる公共の場への入場を禁じた。それから、属州の総督が町を離れると、「暴動が巻き起こった。キリスト教徒は公然と追い立てられ、襲われた。彼らは公衆の敵として扱われ、攻撃され、殴られ、石を投げられた」[20]。既に九十代に達していた司教ポティヌスも、彼の会衆の中で最も腹蔵のない三十人から五十人に上る人々と共に捕らえられ、拷問を受けた。多くは投獄され、絞殺された。十人のキリスト教徒が考えを改めて棄教したが、釈放はされなかった。拷問に耐えてなおもキリスト教の信仰告白をする者は公開拷問の刑を宣告され、野獣の牙に引き裂かれた。総督が帰還し、囚人の中にローマ人がいることを聞くと、彼は哲人皇帝と呼ばれるマルクス・アウレリウスに書簡を送って訊ねた、これらの者たちもまた他と同様に公開処刑致しますか、それともローマ市民の当然の権利として、より静かで人目に触れない死を――たとえば、斬首刑を与えますか。

マルクス・アウレリウスがどう答えたかは不明である。だが一方で、何とか逮捕を免れたキリスト教徒たちは、神の力が証聖者たちを賦活するのを見て驚嘆した。たとえば裁判の時、ヴィティウス・エパガトゥスという若い貴族は、怒号する群衆を前にして、敢えて彼らの弁護に回った。これに苛立ったらしい執政官が彼に向き直って尋ねた、「貴殿も連中の一人か」。この物語を書き留めた支持者によれば、この時、聖霊が彼を突き動かして「はい」と言わしめ、彼は共に処刑された[21]。神の霊は、彼らの中で最も弱き者をも満たした。ブランディナという奴隷の少女は、これ以上はありえないほどの拷問に耐え、人々を驚かせた。これを見て、キリストご自身がこの少女の中で苦しまれている、と言った者もいた。

ある者はサンクトゥスという名の奴隷の受難の中に勝利のキリストを見、またある者はポティヌス司教が息絶える瞬間まで見せた不屈の剛毅はキリストの鼓舞によるものと考えた。そして多くの者が、異臭を放つリヨンの土牢の暗闇の中で共に祈ったとき、聖霊の力を感じたと証言した。

だが、投獄された証聖者の耳に驚くべき報せが届いた。ローマでは、「霊に満たされた」別のキリスト教徒が迫害を受けている――それもローマの執政官にではなく、同じキリスト教徒の手によって。これを聞いて、彼らはその調停に乗り出すことを決意した。キリスト教徒がキリストのために命を捧げた人々に与えた特別の権威を主張するために、彼らはローマの司教に書簡を送り、攻撃を受けている人々を平和的に扱うように促した。この人々とは、「新預言」と呼ばれる信仰復興運動に加わった人々であった。囚人たちはどういうわけか逮捕を免れたエイレナイオスに、ローマへ行ってこの手紙を届けてくれと頼んだ。彼は了承した。

エイレナイオスは、この新預言に対する彼自身の態度を明らかにしていない。だがおそらくこのカリスマ的運動のことは知っていただろう。これは十年ほど前に彼の故地である小アジア（現在のトルコ）の田舎町で、一般に「三人組」と呼ばれるモンタヌス、マクシミラ、プリスキラが各地の教会を巡り、聖霊との直接交感を訴えたことに端を発している。どこへ行っても、この三人組は幻視を受け、法悦状態で語り、また誰でも断食して祈ることによって幻視と啓示を受けることができる、と説いていた。小アジアから始まったこの運動は、ローマ帝国の至る所の教会を席巻した。アフリカ、ローマ、ギリシア、さらにはガリアのような僻地の属州にまで及んで、熱狂と――反対を巻き起こした。

紀元一七一年にアジアの町ヒエラポリスの司教となったアポリナリオスによれば、彼がアンキュラ

（現在のトルコのアンカラ）に行ったとき、「当地の教会はこの運動のために二分されていた」。彼はこれに反対して曰く、「これは彼らの言うような預言ではない。はっきりさせておくが、偽りの預言である[22]」。彼のような反対勢力は、モンタヌス、マクシミラ、プリスキラをご都合主義者とか悪霊憑きとか言って非難した。ある町では、ゾティムスという名のキリスト教徒がマクシミラの預言を遮り、彼女の憑き物を落とそうとして、「悪霊よ去れ」と命じた。最後に彼は信者に抑え込まれ、教会の外に引きずり出された。マクシミラはかつて霊の逆りを受け、預言に専念するために夫と別れていた。法悦的トランス状態において、彼女は宣言した。「私の言葉を聞くのではありません、キリストのお言葉をお聞きするのです……私は、好むと好まざるとに関わらず、神のグノーシスを知るに至らされたのです[23]」。プリスキラは、キリストが女性の姿で自分のところに現れた、と主張した。反対者は、マクシミラとプリスキラが結婚の誓いを破っているとか、高価な服を着ている、軽信的な人々を欺して金を巻き上げている、と非難した。ついにトルコの司教たちから破門されたマクシミラは、これに抗議して言った、「私は羊の群の中の狼のように追放されました。私は狼などではありません。私は言葉であり、霊であり、力なのです！[24]」。

ローマに到着したエイレナイオスを待ち受けていたのは、至る所で彼の福音書理解に異議を唱える党派や宗派だった。彼の携えてきた手紙は、司教エレウテルスに新預言への糾弾をやめるよう説得するのに効果があったのかも知れない。だがこの運動は、小アジアと同様、ローマにおいてもキリスト教徒を分裂させていた。その指導者たちを嘘つき、ペテン師と罵る者が大勢いる一方で、彼らを擁護する者もいた——そして両者共に、その論争に『ヨハネによる福音書』を引用したのである。新預言擁護派は、自分たちの間に聖霊が存在することは、『ヨハネ』における次のようなキリストの言葉の成就である、と主張した――「私は弁護者［paraclete］をあなたがたのところに送る。……その方、すなわち、真理の霊が来ると、あなたがたを導いて真理をことごとく悟らせる」[25]。ローマのキリスト教指導者のひとりであるガイウスはこれに激怒し、『ヨハネによる福音書』は、同じく議論を呼ぶ「霊的預言書」である『ヨハネの黙示録』と同様、「主の弟子であるヨハネ」が書いたものではなく、彼の最悪の敵であったケリントゥスが書いたのだ、と主張した。ポリュカルポスによれば、ヨハネ自身が異端と断じていた、あのケリントゥスである[26]。だがそれからしばらくすると、既に正統教義の擁護者として知られていたテルトゥリアヌスが新預言に与し、その信徒は本物の霊に満たされたキリスト教徒である、と主張するようになった。テルトゥリアヌスは今日でも「教会教父」のひとりに数えられているが、少なくともこの時点では、彼は新預言一派を「司教の集団の教会」と呼んでいたのだ[27]。

エイレナイオスはローマでスミルナの竹馬の友であるフロリヌスに出逢った。共に若かりし日にポリュカルポスに学んだ仲だったが、その彼が今や、ウァレンティノスとプトレマイオス――優れた神学者ではあったが、新預言派と同様、しばしば夢や啓示に頼っていた人々――の率いる党派に入っていたのである[28]。彼らは自ら「霊的キリスト教徒」と称していたが、エイレナイオスの目には危険な異端と映った。この友人を回心させるため、エイレナイオスは一通の書簡を認めた。曰く、「フロリヌスよ、このような考え方は、穏便な言い方をしても、健全とは言えない。教会の教えと一致していないし、その帰依者の中には最悪の不信心者、異端者までもが含まれている」[29]。エイレナイオスは、教養あるキリスト教徒の間でも同じ方向へ行く者が増加しているということを知って苦悩した。

ローマからガリアに戻ったエイレナイオスを待っていたのは、見る影もなくなったかつてのキリスト教共同体だった。町の住民の娯楽として、三十人もの人々が公開の場で残虐な拷問の末に殺されていたのだ。司教ポティヌスも既になく、生き残った信徒たちはエイレナイオスを指導者に迎えたいと申し出た。その危険を承知しながら、彼は承諾し、生き残った信徒たちを纏めようと決意した。だがかつての「小羊」たちはばらばらとなり、手に負えない党派をいくつも結成していた——その全てが、自分たちは聖霊から霊感を受けている、と主張していたのである。

このような矛盾する主張を纏め上げ、何らかの秩序をもたらすためにはどうすればよいのか。その責務は膨大で、困難に満ちていた。確かにエイレナイオスは、キリスト教運動は聖霊によって開始されたと信じていた。百五十年前にそれが始まって以来、イエスも信徒たちも聖霊の迸りを体験したと主張している——夢、幻視、物語、言葉、異言。多くの場合は口によって語られ、また文字として現れたものも多い。それらはこの運動の生命力と多様性の反映でもある。新約聖書の福音書は、幻視、夢、啓示に満ち満ちている。『マルコ』の言う、イエスの公的活動の最初にあったそれのように。

そのころ、イエスはガリラヤのナザレから来て、ヨルダン川でヨハネから洗礼を受けられた。水の中から上がるとすぐ、天が裂けて〝霊〟が鳩のように御自分に降って来るのを、御覧になった。すると、「あなたは私の愛する子、私の心に適う者」という声が、天から聞こえた。(30)

『ルカ』の物語には、イエス誕生の逸話が追加されているが、その中ではあらゆるドラマに先立って幻視が現れる。年老いた祭司ザカリアの前に出現する天使ガブリエルに始まって、同じ天使が後にマリアの許に、さらにはあの夜、「主の天使」が羊飼いたちの前に現れ、イエスの誕生を告げる。夜空に現れたその突然の光の放射に、羊飼いたちは恐怖する。[31]

だが、イエスの生前に現れた幻視や夢は、彼の死後に起こったと書かれているものの前では霞んでしまう。嘆き悲しむ信徒たちは、「本当に主は復活して、シモンに現れた！」と告げられるのだ。[32]各福音書は、イエスの死後に弟子たちが幻視を受けたことを書いているが、中でもルカの描写は特に超自然の力に溢れている。ルカにとっては、この夢と幻視の迸りは、神の霊がイエスの信徒と共にある証左であった。これこそ、預言者ヨエルの預言の成就である、とルカは言う。

神は言われる。終わりの時に、私の霊をすべての人に注ぐ。すると、あなたたちの息子と娘は預言し、若者は幻を見、老人は夢を見る。[33]

ルカがこれを執筆する何十年か前、彼の師であったタルススのパウロ（当時イエスの弟子たちには全く知られていなかった——あるいは、敵にしてスパイであるとして知れ渡っていた）は、突如、イエスが光り輝く姿で自分の許に現れ、自分を特別の代理人に認定した、と主張し始めた。イエスの存命中には一度も彼に逢ったことのなかったパウロは、これ以来、自ら「イエス・キリストの使徒apostolos」を名乗り（ギリシア語のapostolosは「代理人」の意味）、生涯を通じて自分は聖霊の直接の指導を受けている、と主張する。[34]パウロはコリントのキリスト教徒に書簡を認めて曰く、彼はかつて「楽園にまで引き上げられた」が、そこで見聞きしたことは決して人には語れない、何故ならそれは「人が口にするのを許されない、言い表しえない事柄」だからである、と。[35] ルカは、自らの福音書の続編として書いた『使徒言行録』の中で語る、復活のイエスが驚愕する弟子たちの許に直接現れ、四十日後に昇天した後ですら、霊は信徒たちの許に、カリスマタを伴って迸り続けた、と。カリスマタ〔「カリスマ」の複数形〕とは、病を癒し、悪霊を祓い、預言をし、死者をも蘇らせる力である。

ルカがこれらのことを書いてから百年も経ってなお、新預言の信徒たちは、『ヨハネ』のイエスの約束をことあるごとに思い起こしていた。「聖霊はあなたがたを導いて真理をことごとく悟らせる」、そしてあなた方に「私よりも大いなることを為さしめる」。[36]『ヨハネ』の書記と『黙示録』の著者は同一人物であると信ずるキリスト教徒は、当時においても今と同様に大勢いた。『黙示録』には、「霊において」すなわち法悦状態において受け取ったと称する、驚くべき幻視が描かれている。ヨハネと呼ばれる『黙示録』の著者によれば、彼は「神の言葉とイエスの証しのゆえに、パトモスと呼ばれる島に」幽閉されていた。ある時、彼は「天に上げられ」、水晶のように輝く天の海の上の玉座に栄光に包まれて座す主を見、天使たちが「来るべきもの」の秘密を吟唱しているのを聞いた。[37] だがパウロとは違って、ヨハネは実際に天で見聞きしたと称する事柄を書き留めた。ゆえにこの書物は「啓示／黙示《リヴェレーション》」と呼ばれるのである。

つまり、もしも幻視や啓示がなければ、そもそもキリスト教運動は始まっていなかっただろう。だが、聖霊の出現が終わったのがいつなのかなど、誰に判るだろうか――否、エイレナイオス時代の人々の感覚で言うなら、聖霊の出現が既に終わったのかどうか、誰に判るだろうか。これらの問いは、エイレナイオスにとって大きな関心であり、また今日の多くのキリスト教徒にとってもそうである。当時と同様、現代においても、使徒時代以後に生きる人々もまた直接の啓示を受けられるのかと問う人はいる。今日のカリスマ的キリスト教徒の中で、それがあり得ると考える人は増える一方であり、そして中には、エイレナイオスとは違って、聖霊は違う人には違うことを言うかも知れないと信ずる人もいる。たとえばペンテコステ派と称する人々は、ルカの『使徒言行録』に登場する使徒たちに共鳴している。ルカによれば、五旬祭《ペンテコステ》の日、使徒たちは聖霊が「炎の舌」のように流れ込み、力に満たされるのを体験した[38]。新預言に加わった初期キリスト教徒たちも、疑いなくこれに同意しただろう。ある匿名の信徒は、「特定の霊の力を季節や時間に限定する人々」に反対し、「我々は新しき預言のみならず、新しき幻視の栄光をも承認する」と宣言している[39]。

だが彼らの敵対者たち、たとえばローマのガイウスなどは、本物の幻視と啓示は使徒時代の終焉と共に終結した、と論じた。ガイウスはそれ以後のあらゆる啓示を拒絶せよ、と説いた――『黙示録』の幻視から、新預言に至るまで。何故ならガイウスによれば、「[今や]預言者と使徒の数は既に満たされ[40]」、使徒時代以後の人間は誰一人としてイエスその人から啓示を受けることができないからである。ルカの語る五旬祭の逸話について言うなら、同じ『使徒言行録』の初めの場面に、イエスの弟子たちが復活のイエスと交流できたのはたった四十日間だけであると書いてある。その後、「イエスは彼らが見ているうちに天に上げられたが、雲に覆われて彼らの目から見えなくなった[41]」。これによって復活のイエスと弟子たちとの直接交流は永遠に終結したというわけである。

エイレナイオス自身は、その中道を作りだそうと試みた。ガイウスとは違って、彼は使徒時代と現在との間に厳格な一線を引くことを拒んだ。何と言っても、彼自身もまた啓示を受けていたからである――たとえば、ポリュカルポスの死の日などに。また彼は、ポリュカルポスが守備隊から身を隠していた時に、夢の中で枕が燃え、「私は生きたまま焼かれる」と予言したという話を聞いていた。[42] またエイレナイオスは故地の殉教者や他のキリスト教徒から、こうしたことは依然として起こっていることを聞かされていた。

私は教会の多くの兄弟姉妹が預言の能力を持ち、霊を通じてあらゆる国の言語で語り、人間の目から隠されている事柄を明らかにし、神の秘密を啓示するのを見ております。[43]

ゆえにエイレナイオスは、福音書にある奇蹟物語は文字通りに受け取ってはならないとか、奇蹟は今の世の中には起こらないとする人々に反対する。

真の彼の弟子は、本当に悪霊を祓う……未来に起ることを予見する人々もいる。幻視を見て予言を語るのだ……また、手をかざすことによって病を癒し、完全な健康体にする人もいる……然り、さらにまた、既に述べたように、死者さえ蘇った実例がある。その人々はその後長年にわたって我々と共に生きたのだ。これ以上、何か言うことがあるだろうか。イエス・キリストの御名において、世界中の教会がどれほどの贈り物を受け取ったか、そして毎日のようにそれを諸国民のために、誰も欺かず報酬も受け取らずに用いているか、言いようもないほどである。[44]

このような奇蹟は、迫害の危険をものともしない新参者をキリスト教諸宗派に引寄せた。エイレナイオスは言う、癒しを受けたものは「しばしば教会を信じ、これに加わった」[45]。

エイレナイオスは程なくしてマクシミラ、モンタヌス、プリスキラの弁護を止め、新預言者たちの名を口にすることすらなくなってしまうが——仮に彼らの名を知っていればの話だが——彼らの敵対者たちに対する批判は行なっている。曰く、敵対者たちは「〔ヨハネの〕福音書及び預言の霊を「不当に」軽視している」。さらに彼は、パウロもまた単に幻視を受けて預言を語ったのみならず、「教会の中で預言する男女を認めていた」と強調する[46]。

だが、リヨンにおいてエイレナイオスが直面していた喫緊の問題とは、霊的な啓示の欠如ではなく、それがあまりにも溢れかえっているということであった。たぶん彼が新預言の批判をしなかったのは、彼らが「霊によって」語る内容が彼が学んだ伝統からさほどかけ離れてはいないと考えたからである。だがエイレナイオスにとっては、彼ら以外の自称預言者たちの言動は完全に誤りであり、分離主義者の詐欺師と断じた。ただ問題は、それをどう識別するかである。彼は言う、「神の御言葉と、単なる人間の言葉とをどう区別すればよいのか」[47]。

特にエイレナイオスを悩ませたのは、「われらの教区であるローヌ渓谷においてすら」、マルクスという預言者が信者たちを席巻していたことだ。彼はエイレナイオスの会衆の中の——

極めて多数の男と相当数の女を惹きつけた……自分に帰依するよう求めたのである、自分こそが最

も偉大な理解と熟達を持ち、目に見えない、語り得ないほど神聖な天の領域から最も高い力を得ている、と言って。(48)

エイレナイオス自身はマルクスに批判的であり、サタンの使者と呼んではいるが、この預言者の行状については詳細に描き出している。マルクスは自ら幻視を得、また預言を語るのみならず、他の者にも同じことを奨励していた。霊の力を呼び起こして欲しいと依頼する者に対しては、マルクスはその者の頭に手を置き、『マタイによる福音書』のイエスの言葉(「これらの小さな者を一人でも軽んじないように気をつけなさい。言っておくが、彼らの天使たちは天でいつもわたしの天の父の御顔を仰いでいるのである」(49))を下敷きにした祈りを唱える。マルクスは新参者のひとりひとりに対して、「汝は恩寵を受けるであろう、何故なら万物の父は汝の天使が父の御顔を仰いでいるのを御覧になっているからである」と言い、次に手を頭に置いたまま、「見よ、恩寵は汝に授けられた。口を開け、預言せよ」と告げる。エイレナイオスによれば、ここで新参者はこれに抗う。予めそうするように言われているのである。「私はこれまでに預言などしたことはありませんし、またそのやり方も知りません」。これは、預言というものが人間の通常の能力とは何の関係もなく、神の恩寵の賜物であることを認めるためである。最後にマルクスは再び新参者に預言を促す——エイレナイオスによれば、それはしばしば「愚かな女」である——ここからエイレナイオスの怒りのヴォルテージは一気に上がる。

彼女は、これらの言葉によって虚栄心に逆上《のぼ》せ上がり、得意になり、そしてまさに自分がこれから預言をしようとしているのだという期待に心底興奮し、心臓は動悸し、無謀大胆に達し、愚かにもまた厚かましくも、心に浮かんだ出鱈目を語り始めるのである。ちょうど愚かしき霊に唆された者が語るようなことを。[50]

このイニシエーションによって霊を授かったマルクスの信者は、自ら「預言の力」を得たものと信じ込む。エイレナイオス曰く、彼らが聖餐式に集まると、「全員が籤を引く習わしになっている」。これは古代イスラエル人の慣習であり、ルカが『使徒言行録』で述べている如く、キリスト教徒が復活させたもので、その日に預言する者を聖霊に選ばせるために籤を引くのである。[51]

エイレナイオス曰く——おそらく、よりセンセーショナルにするために詳細に述べている——マルクスによれば、神の真理は彼の目の前に「裸の女性の姿で現れた。目に見えぬ、口にもできぬ聖なる天から彼の許に降りて来た、というのも、この世は［真理が］男性の姿で到来することに耐えられないからである」。[52] エイレナイオス曰く、マルクスによれば、彼女は文字と数字を通じて自らを開示した。その身体の各部には、ギリシア語アルファベットの二十四文字の各々が書かれていた。そして彼女は、秘儀の名「キリスト・イエス」を口にした。[53] マルクスが幻視の中で受け取った文字と数字は、彼の霊的師であるヴァレンティノスの信徒に知られていたユダヤの伝統を反映している。ヴァレンティノスは、パウロの秘密の叡智の教えに参入したと主張する人物だ。これに類似する伝統は、千年以上後に、神秘主義的傾向のあるユダヤ教の宗派の間で花開くことになる。彼らはこれを、カバラーと呼ぶだろう。

カバラーとはヘブライ語で「伝統」を意味する言葉であるが、それは伝統をラディカルに変容させる。

イェルサレムのヘブライ大学でユダヤ神秘主義の教授を務めていた故ゲルショム・ショーレムは、エイレナイオスよりも遥かにマルクスに共感的である。曰く、カバラーの道を歩む者は「ドグマ的な神学ではなく、活きた経験と直観によって」神の認識を探求する。(54) 他のユダヤ教徒と同様、カバリストもまた聖典の解釈を行なう──だが彼らの手に掛かると、聖典は霊的探求の言語と化すのだ。マルクスは、千年以上後のカバリストと同じ問いを発している──口にし得ぬほど神聖なものを、如何にして語ることができるか。目に見えぬ、理解を絶した神の姿を、如何にして捉えることができるか。マルクスの幻視は、アルファベットの全文字──人間の全言語──が神の真理の神秘的形態になりうることを示している。多くのカバリストも、これに同意するだろう。

多くの人々と同様、マルクスもまた『創世記』に魅了され、宇宙の「はじまり」に──そしてさらにはじまりの前に何が起きたのかと考えた。そしてトマスやヨハネのように、マルクスもまた『創世記』第一章を解釈し、「最初の産まれざる者、すなわち思い及ばぬ父、男でも女でもない方が創造しようと思われたとき……その口を開き、その言葉（logos）を発せられた」(55) と言う。マルクスによれば、このプロセスを思い描いたとき、神が発した言葉の各文字は、最初は自らの性質も他の文字の性質も認識し得なかった、というのも「それらはいずれも全体の一部であるにも関わらず、各々が自分自身の音を［聖なる存在の］完全な名前であると考えたからである」。だが、「万物の回復が成るのは」この分離の幻想が克服され、「これら全て［の要素］、統合されてひとつの音となるものが、一致して」同じひとつの讃歌となる時である。(56) というのも、宇宙それ自体が「その讃歌の音の栄光」によって生み出されたものだからだ。マルクスによれば、このことは万人が直観的に知っており、子宮から出て最初の産声を上げた時から、「困窮と苦痛に……『おお』」と呻き、泣き叫ぶ時に至るまで、これを認めている。[57] このような音声こそは聖なる御名の谺なのであり、その御名は人間が直観的に――だが無意識的に――神の助けを求める自発的な祈りの形で口にする。そして人々が声を合わせて「アーメン」（ヘブライ語で「かくあれかし」）と唱える時、その一致した声は、存在する全てのものが最後に唯一の調和した全体へと回復するときを予見する。

エイレナイオスは友人の頼みを受けてマルクスの教えを調べ、彼が単なる詐欺師であることを暴こうとした。弟子たちを集め、イニシエーションを行ない、「霊的」キリスト教徒に特別の教えを授けているマルクスの活動は、その辺りの全キリスト教徒を公同の教会に統合しようとするエイレナイオスの努力を脅かすものであった。エイレナイオスは、マルクスは魔術師であり「反キリストの使者」である、と告発した――でっち上げの幻視と偽りの霊力によって真の顔を隠しているが、実際にはサタン自身の使徒である人間である。[58] 彼は「神の深淵」を探求するというマルクスの主張を愚弄し、弟子たちが自ら啓示を得られるよう指導していることを嘲笑した。

創造に関してこのようなことを言う一方、彼らの各々が毎日何か新しいことを、自らの能力によって生み出している。と言うのも、彼らは全員「熟達［あるいは「秘儀参入」］」しているので、誰もが途轍もない嘘を生み出すことができるのである。[59]

エイレナイオスは、キリスト教共同体の中の他の多くの教師たちもまた、「曰く言い難い数の違法な秘密文書を導入し、あるいは自ら生み出し、真の聖典を知らない愚かしい人々の精神を惑わしている」ことに狼狽している。[60] 彼はこのような文書のいくつかを引用しており、その中にはよく知られた、かつ影響力のあった『ヨハネのアポクリュフォン』（一九四五年、ナグ・ハマディで発見されたいわゆるグノーシス福音書の中に含まれていた）の一部も含まれていた。また引用はしていないが名を挙げている文書も数多くあった。たとえば彼がマルクスの師であるウァレンティノスに帰している『真理の福音』（おそらくナグ・ハマディで発見されたもののひとつ）や、『ユダによる福音書』などである。エイレナイオスは、まずはこの「秘密文書」の洪水を堰き止めることこそが、単なる幻覚、もしくは悪魔憑きの疑いのある「啓示」の増殖を抑え込む重要な第一歩であると考えた。[61]

だが、ナグ・ハマディでの発見によって、こうした「神の探求」がどれほど広範囲に渡るものであったかが如実に示されることとなったわけである――単にこれらの「秘密文書」を書いた人々に留まらず、それよりも遥かに数多くの人々がこれを読み、写し、崇めていたのだ。そしてそうした人々の一員であったエジプトの僧たちは、エイレナイオスがこれを弾劾してから二百年も後においてなお、これを僧院の書庫に収めていたのである。だが紀元三六七年、アレクサンドリアの狂信的な司教アタナシウス――エイレナイオスの崇拝者――は、一通の復活祭書簡を布告し、エジプトの僧たちに対してこれらの文書を全て破棄せよと命じた。例外は彼が特に「許容範囲内」もしくは「正典」として目録にしたもので――その内容は事実上、今日の「新約聖書」とほぼ同じものである。[62] だが何者かが――おそらく、聖パコミオス修道院の僧たちが――アタナシウスが焚書にすべきと定めた何十冊もの書物を集めて修道院の書庫から持ち出し、六フィートの重い壺に封印し、近くのナグ・ハマディの丘に埋めたのである。それから千六百年後、エジプトの村人ムハンマド・アリが偶然これを発見する。

今や私たちは、エイレナイオスが憎悪し、アタナシウスが禁書とした文書のいくつかを直接読むことができるようになった。そして判ったことは、それらの文書の多くが啓示を受ける希望を表明し、「神を探求する人々」を激励しているということである。たとえば『ヤコブのアポクリュフォン』の著者は、イエスの昇天の次第を描いた新約聖書の『使徒言行録』の開幕場面に新解釈を施している。『ヤコブのアポクリュフォン』はおそらくこの場面の続編として書かれたもので、「イエスが離れ去って行かれるとき、彼らは天を見つめていた」というルカの記述(63)の後に起こったことをイエスの兄弟であるヤコブが明らかにしようというところから始まる。彼は言う――

十二弟子は全員、一緒になって座っており、救い主が彼ら一人ひとりに密かに、あるいは明白に語ったことを思い出し、それを文書に纏めていた。私もまた、私の文書に書かれていることを書いていた。(64)

だが『ヤコブのアポクリュフォン』によれば、イエスは出し抜けに――昇天してから一年半後に――戻って来て、弟子たちを驚かす。そして彼は実際には弟子たちの許を去ったのではない、と言う。

すると見よ、救い主が現れた。……死者たちの中から復活して五百五十日後に現れたのである。私たちは彼に訊ねた、「あなたは行ってしまい、私たちから離れてしまったのですか」。イエスは言った、「いや。しかし、私は私がそこから来た場所に戻る。もしあなた方が私と一緒に来ることを望むなら、来なさい」[65]

『ヤコブのアポクリュフォン』によれば、その後イエスはヤコブとペトロを誘い、天上へ連れて行く。これはおそらく、『ヨハネの黙示録』を書いたパトモス島のヨハネが体験したと主張している、一種の法悦的トランス状態であろう。まず初めに、イエスは二人を他の者たちから離し、「霊に満たされる」ことによって死後ではなく今ここで一緒に行くことができるのだ、と密かに説明する。[66] だがここでイエスは、単に弟子たちに従うよう促すのではなく、彼を超えることを促すのである。曰く、死の恐怖を味わい、これを克服した者は「私よりも優れた者となる。あなた方は聖霊の子のようになりなさい！ 熱心でありなさい。そして、もしできれば、私の先を越し［て天に到達し］なさい」[67]。『ヤコブのアポクリュフォン』の終盤で、ヤコブは言う――

私とペトロは跪き、感謝し、心を天へと送った。私たちは戦争の騒音、喇叭の響き、そして大きな騒動を耳で聞き、目で見た。私たちは、その場所を通り過ごし、理性をさらに上へと送った。私たちは天使たちによる賛美と祝福、そして天使たちの喜びを目で見、耳で聞いた。[68]

啓示を求め――そして生きている内に天に上げられたいと望む他の多くのキリスト教徒たちは、当然のことながら、パウロを師と仰いだ。ナグ・ハマディで発見された『使徒パウロの祈り』の著者は、

『コリントの信徒への手紙』に書かれた「主が見せてくださった事と啓示してくださった事」を念頭に置いている。特に、よく知られた次の逸話である。

［ペトロは］第三の天にまで引き上げられたのです。体のままか、体を離れてかは知りません。神がご存じです。……人が口にするのを許されない、言い表しえない言葉を耳にしたのです。(69)

そこで『使徒パウロの祈り』の著者は、パウロを「神を探求する者」の典型として、パウロのように神の臨在に与りたいという祈りを表明する。

わが贖い主よ、私を救いたまえ。私はあなたのものであり、あなたから生じたものです。あなたは私の精神です。私を生み出してください。あなたは私の財宝です。私に開かれてください。あなたは私の成就です。私をあなたに与らせてください！(70)

最後に、パウロの『コリントの信徒への手紙一』を下敷きにして、この祈りはこう締めくくられる。「どんな天使も目にしたことがなく、どんな権力も耳にしたことのない事柄、人の心に思い浮かんだことのない事柄を私に示してください。……私は信仰と希望を持っておりますから(71)」。

『ヤコブのアポクリュフォン』や『使徒パウロの祈り』のような作品を書き、翻訳し、注意深く筆写した人々は、ある種のユダヤ教の宗派が法悦状態に至って幻視を誘発するために用いていた技法を知っていたのかも知れない。たとえば、イエスの時代にエジプトにいたユダヤ教の苦行者の一派であるテラペウタイ派は、祈り、禁欲、断食、朗唱などの訓練によって、「神の幻視」を得ようとしていた。死海文書の中にも、修行者が神の臨在に参入し、天使たちと共に祈ることを意図したと見られる祈りや儀礼が書かれている。[72]

だが「神の幻視」と言っても、それが正確には何を意味しているのかは解らない。それを聞いて思い浮かべることは人によってまちまちであろう。これは法悦的トランス状態によって神の臨在を体験しようとした人々のことを書いている、とする学者もいる。[73] とはいうものの、パウロが天に上げられたと述べている件については、既に見たように彼自身、この幻視はひとりでに起こったのであり、「体のままか、体を離れてかは知りません。神がご存じです」と認めている。[74] だが別の説では、神の幻視を求めていると称する者は、献身的な勤行と祈りにおいて起こることを述べているのだという。[75] 今日においても、多くのユダヤ教徒・キリスト教徒が、毎週の――あるいは毎日の――礼拝式において神秘的な言語を用いる。儀礼が最高潮に達したとき、会衆が天使の軍勢と一体化するとされているのだ。この時彼らは天使たちと一緒になって、預言者イザヤが見たという天上の天使の歌を歌う。「聖なる、聖なる、聖なる万軍の主。主の栄光は、地をすべて覆う」。イザヤによれば、この歌を聞いたとき、彼は幻視を受け、神の臨在の許へ連れ去られたという。[76]

ユダヤ史やユダヤ文学の研究者は、カバラー以前に一千年にわたって花開いた膨大な神秘主義文献に取り組んでいる。このいわゆる「ヘカロト文献」の中には、エノクを取り扱うものがある。『創世記』によれば、エノクは「神と共に歩み」、死ぬことなく、神の臨在の許に取り去られた。[77] 既に紀元前一世紀以前から、エノクは天上の叡智への道を探し求める者の典型となっていた[78]。また別のユダヤ教の一派は、二世紀から六世紀まで栄えたいわゆる「メルカバ（戦車）文献」を尊崇していた。これらの文書は、預言者エゼキエルの驚くべき幻視に秘められたものを実践しようとする一派が生み出したものである。エゼキエルの幻視によれば、神は炎のように輝く戦車に座し、これを羽のあるケルビムが支え、天使の軍勢が讃えていた[79]。

『ヤコブのアポクリュフォン』に見られるような幻視を描き出す者の中には、自分自身がイザヤやエゼキエルのような幻視を受けたことを暗示している者もいる。ナグ・ハマディ文書の中には、啓示を受けるための特定の技法を書いたものもあれば、またこのような技法がいつも有効というわけではないということを示す文書もある。たとえば『ペトロの黙示録』には、ペトロが「祭司たちと民衆とが、石を手に、私たちの方に向かって、私たちを殺そうとして走ってくるのを」見たことが述べられている。直ちにペトロは、復活のイエスに――おそらく祈りの中で――すがる。するとイエスは言う。

「両手で目を覆ってみなさい。そして、何が見えるか言ってみなさい」。私はその通りにしたが、何も見えなかった。私は言った、「何も見えません」。再び彼は私に言った、「もう一度やってみなさい」。すると、私は恐れ、また喜んだ。何故なら、昼の光よりも明るい、新しい光が見えたからである[80]。

静止したような時間の中で、ペトロは群衆の怒号を聞き、磔刑のイエスの幻視を見て衝撃を受ける。

恐怖と怒りで泣き叫んだ後、ペトロは「生けるイエス」から、霊なるものは決して死ぬことがない、と教えられる。最後に、驚愕するペトロの見た幻視の中でイエスは「十字架の上で喜んで笑っていた……彼は聖なる霊で満たされていた。大いなる言い表せない光が彼らを取り巻き、言い表せない見えざる天使たちの群が彼らを賛美していた」[81]。『ペトロの黙示録』の匿名の著者は言う、この幻視によってペトロは、彼の内なる霊が死を克服することを知り、自らの死を甘受できるようになった。迫害に直面している後の世代の者たちと同様に。

だが、如何にすれば幻視を受けることができるのか、そして神による幻視とはどれなのか。実際問題として、誰がそれを判断するのか。この中心的な――そして困難な――問いは、極めて古い時代から、キリスト教徒が霊の識別問題と呼んできたものである。どの霊感が神によるものであり、どれが悪魔の力によるもので、どれが加熱した想像力の産物なのか。当時のほとんどの人々は――ユダヤ人も異教徒もキリスト教徒も等しく――神は夢枕に立つと信じていたが、当時においても現在と同じく、夢は希望や願望の表現であり、中には致命的な妄想に陥るものもある、と考える人も大勢いた。既に見たように、エイレナイオスは特定の預言者や治療家、教師らの持つ神の力を認めていた。特に、キリスト教徒一般に認められる教えを説いている人々に関してはそうだっただろう。だがそれ以外の人に関してはサタンの働きであると考えていた。たとえばマルクスの場合、エイレナイオスは彼を「サタンの使徒」と呼び、信者を欺いて性的歓心を買い、金を巻き上げるために幻視を捏造している、と断じていた。

一八九六年にエジプトで発見された『マグダラのマリアによる福音書』では、使徒アンデレとペトロが、エイレナイオスと同じ問題に直面している――が、こちらの場合は、幻視家の観点からの答えを聞くことができる。『マグダラのマリアによる福音書』は、特定の党派の指導者たち——ここでは使徒ペトロとアンデレ——が、幻視を得たと称する人々を攻撃し糾弾したことを劇化している。『マグダラのマリア』の冒頭部分は失われているが、現存する最初の部分は、復活のイエスが弟子たちに次のように語る幻視から始まっている。「人の子がいるのはあなた方の内部なのだから。あなた方は彼について行きなさい！　彼を求める人々は見出すであろう。それで、あなた方は行って、王国の福音を述べなさい」。だがほとんどの弟子たちは自分の内部に神を見出すと聞いて途方に暮れる。「彼らは悲しみ、大いに泣いた」。イエスと同様に自分たちも殺されると恐れたのである。そこでマリアが立ち、口を開き、「彼らの心を善い方に向けた」。

> 泣かないでください。悲しんだり、疑ったりしないでください。というのも彼の恵みがしっかりとあなた方と共にあり、あなた方を護ってくれるのですから。それよりもむしろ、彼の偉大さを讃えるべきです。彼が私たちを準備し、私たちを人間として下さったのですから。(82)

そこでペトロがマリアに言う、「姉妹よ、救い主が他の女性たちにまさってあなたを愛したことを、私たちは知っています。あなたの思い起こす救い主の言葉を私たちに話して下さい、あなたが知っていて私たちの知らない、私たちが聞いたこともないそれらの言葉を(83)」。おそらくペトロは、自分が不在の時にイエスが言ったことを聞きたがっている。だがマリアの答えはペトロを驚かせるものであった。というのも、マリアはペトロがたまたま聞き逃したことのみならず、イエスが意図的に彼に隠したことも知っている、と告げたからである。「あなた方に隠されていること、それを私はあなた方に告げましょう」。そして彼女は語り始めた。「私は今日、ひとつの幻の内に主を見ました」。彼女は非常に驚き、どのようにして幻視は生じるのかを彼に訊ねた。

「主よ、幻を見る人がそれを見ているのは、魂か霊か、どちらを通してなのですか」。救い主は答えて言われました、「彼が見るのは、魂を通してでもなければ、霊を通してでもなく、それらふたつの真ん中にある精神、それこそが幻視を見るのである[84]」。

幻視とは精神、すなわち意識から来るものであるということを聞いた後、マリアは幻視が示す内容に注意を向ける。この極めて重要な部分でパピルスが欠損しており、現存する断片によれば、『救い主の対話』と同様、イエスは死後に起こることを告げる。彼によれば、死後の魂が出逢う「怒りのもとにある七つの権威」は問いかける、「人殺しよ、お前が来るのはどこからなのか、そして、空間の征服者よ、お前が行こうとしているのはどこへなのか」。この幻視を通じてイエスは、この悪意ある権威に打ち勝つためにはどう答えればよいかを魂に告げる。

マリアが話を終えると、議論が巻き起こる。

マリアは以上のことを言ったとき、黙り込んだ。救い主が彼女と語ったのはここまでだったからである。するとアンデレが答えて兄弟たちに言った、「彼女が言ったことに、そのことに関してあなた方の言いたいと思うことを言ってくれ。救い主がこれらのことを言ったとは、この私は信じない。これらの教えは異質な考えのように思われるから[85]」。

アンデレの兄弟ペトロは、さらに付け加えて言う、「彼が我々に隠れて一人の女性と、しかも公開ではなく語ったりしたのだろうか。将来は、我々は自身が輪になって、皆、彼女の言うことを聴くことにならないだろうか。彼が彼女を愛していたというのは、我々以上になのか」。

そのとき、マリアは泣いて、ペトロに言った、「私の兄弟ペトロよ、それではあなたが考えておれることは何ですか。これは私の心の中でひとりで考え出したこと、あるいは私が救い主について嘘をついているとお考えなのですか」。レヴィが答えて、ペトロに言った、「ペトロよ、いつもあなたは怒る人だ。今私があなたを見ていると、あなたがこの女性に対して格闘しているのは敵対者たちのやり方でだ。もし、救い主が彼女を相応しいものとしたのなら、彼女を拒否しているからには、あなた自身は一体何者なのか。確かに救い主は彼女をしっかりと知っていて、このゆえに我々よりも彼女を愛したのだ。むしろ、我々は恥じ入るべきであり、……福音を宣べるべきである[86]」

このように、『マグダラのマリア』の書記は本物の幻視の見分け方という点においてエイレナイオスとは異なっている。エイレナイオスなら、彼が信じていない預言者、たとえばマルクスを前にすれば、おそらくペトロやアンデレがマリアに言ったのと同じようなことを言って、「異質な考え」を含む、あるいは「ひとりで考え出した」幻視を受けたと主張する者を非難しただろう。

エイレナイオスは、この問題と格闘していたとき、これが昔ながらの問題であることに気付いていたかも知れない。イスラエルの古代の預言者の中にも、同じ問いを発した——そして受けた——者がいた。たとえばエレミヤが、バビロニアとの戦争（紀元前五八〇頃）はイスラエルの敗北に終わると予言した時、勝利を予言していた預言者たちは、彼を偽りの預言者と非難した。これに対してエレミヤは言う、自分は「主の口から来たもの」しか語らないと。そして敵たちは「自分自身の口から来た」偽りを語っている、と非難する。

> 主は言われた、「私は……預言者たちが、『私は夢を見た、夢を見た』と言うのを聞いた。……見よ、私は自分の舌先だけで、その言葉を『託宣』と称する預言者たちに立ち向かう」。「見よ、私は偽りの夢を預言する者たちに立ち向かう」、と主は言われる。「彼らは、それを解き明かして、偽りと気まぐれをもってわが民を迷わせた。私は、彼らを遣わしたことも、彼らに命じたこともない。彼らはこの民に偽りの幻、益のない託宣、自分の心が欺くままの預言を行なっている[87]」。

かくしてエレミヤは、預言者たち「自身の口」「自身の夢」「自身の心」から来るものを全て無価値と断ずる。エイレナイオスはマルクスを念頭に置きつつ、これに同意し、彼が「聖なる長老にして真実の説教師」と呼ぶ匿名の師から学んだことを付け加える——偽りの預言、特にマルクスのそれは、サタンに由来するのだ、と。

エイレナイオスはイスラエルの預言者たちの伝統から、神に由来する預言を見分ける第二の方法を採用した——神託が真実か否かは、それを実証する出来事によって示される、と。バビロニア軍がイスラエルを破ったとき、エレミヤの信奉者たちは、この出来事によって彼の霊感の神性が示されたと考え、彼の預言を収集し——彼の敵対者たちによって破棄されていたのである——後にヘブライ語聖書となる聖なる文書群に付け加えた。

エイレナイオスもよく知っていたように、ナザレのイエスの信徒たちもまた、同じような主張をした。たとえば『マタイによる福音書』の書記は、ダヴィデ、イザヤ、エレミヤらが、イエスの時代——すなわち元の預言が書かれてから五百年から千年先の時代——の特定の出来事を予言している、と主張している。つまり、そのような出来事は神の計画を示すものだというのである。だが今日の学者の多くは、マタイの示している預言と出来事との対応は、マタイがしばしば物語を預言に合うように捏造したことを示していると考えている。たとえばマタイは、『ゼカリヤ書』の中に次のような預言を見出した。

> 娘シオンよ、大いに踊れ。娘エルサレムよ、歓呼の声をあげよ。見よ、あなたの王が来る。彼は神に従い、勝利を与えられた者。高ぶることなく、ろばに乗って来る、荷を負うろばの子、子ろばに乗って。(88)

マタイはこの件を、イエスが過越祭の日にイェルサレムに入城することとの予言であると考えた。だがおそらく彼は、ゼカリヤが最後のフレーズを繰り返しているのは単に詩的効果を狙ったものであるということに気付いていない。その結果、彼は自らの福音書に、イェルサレム入城の準備をしていたイエスがろばと子ろばの両方を連れて来させた、と書くのである。曰く、「弟子たちは行って、イエスが命じられたとおりにし、ろばと子ろばを引いて来て、それらの上に服をかけると、イエスはそれらにお乗りになった」[89]。(これと対照的に『マルコ』と『ルカ』は、イエスのイェルサレム入城の際には二頭のろばではなく一頭の子ろばに乗っていたという点で一致している)。マタイは別に読者を混乱させようとしていたわけではない。預言と出来事をこのような形で関連づけようとした彼の動機はおそらく、イエスはメシアなのであるから、彼の出現は古代の預言を成就しているに違いないという彼の信念であった。

だが一世紀から今日まで、「預言に基づく主張」は多くの人々に受け入れられてきた。エイレナイオスの師であった哲人殉教者ユスティノスもそのひとりらしい。真理を探究する若き学徒であった当時(紀元一四〇頃)、彼はさまざまな哲学の師に師事しては失望するということを繰り返していた――最初はストア派、次に逍遙学派、さらにピュタゴラス派、そしてプラトン派。最後に彼は、人間の精神はそれ自体、真実を発見する力を持たないと結論し、落胆して自問した、「ならば、師に就くべきなのか。師の中にすら真実が存在しないなら、如何にして学ぶことができようか」。ある日、浜辺を歩きながらこのようなことを考えていたユスティノスは、たまたま出逢った老人からヘブライの預言者たちの話を聞き、またその古代の神託が、イエスの到来の際に起きた出来事によって真実であることが証明されたということを聞いた。老人曰く――

今より遠い昔、哲学者と呼ばれる人々の誰よりも古い人々がおった――義の人であり、神に愛され、聖霊によって語り、未来に起ること、今起りつつあることを告げた。その人々は預言者と呼ばれる。その人々だけが真実を見、宣言したのじゃ……聖霊に満たされてな。文書の中で［論理的な］論証などはせん。と言うのも、彼らはそういう論証などを超えた真理の証人だったからじゃ。……そして既に起った、また今起りつつある出来事を見れば、お前さんも彼らの言ったことを認めざるを得んじゃろう。(90)

ユスティノスは言う、「これらのことを延べた後、彼は立ち去った。……それ以来、二度と彼を見ていない。だがその直後、私の魂には火が灯され、預言者たちに対する愛、キリストの同胞である人々に対する愛が、私を支配したのだ(91)」。

ユスティノスはキリスト教徒の集団と出会い、ついに「預言者たちを通じてイエスに関するあらゆることを予言した聖霊」の名において洗礼を受けた。そして彼はこの聖霊によって精神に啓明を受けたのである。かくして「キリスト教哲学者」となった彼は、トリュフォンという名のユダヤ人哲学者に対して、「我らの信ずるは虚しき虚偽、根拠なき言葉に非ず、神の霊に満たされたる、力ある、恩寵に満てる言葉なり」ということを証明する、と申し出る。(92) トリュフォンの仲間たちは大笑いして口汚く罵ったが、ユスティノスは議論の余地のない証拠を示した。たとえば、「乙女が身ごもり、ひとり子を産む(93)」という預言者イザヤの予言である――マタイによれば、この奇蹟は予言が為されてから五百年後、マリアがイエスを産んだときに成就した。さらにまたユスティノスは、ダヴィデ、イザヤ、ゼカリヤといった預言者たちが、イエスの誕生、イェルサレム入城、ユダの裏切り、磔刑などの出来事を詳細に予言していた、と言う。ユスティノスはトリュフォンとの公開討論において、特定の予言とその成就である出来事との相互関係を入念に提示した――これらは神の霊感を受けた予言であり、人間の歴史への神の介入を示すものと考えない限り、説明不可能なものである、と。

だが、このような「預言に基づく証拠」を批判する人々は、ユスティノスのようなキリスト教徒の論議は不合理である、と反論した――たとえば、奇蹟に関して誤った翻訳に基づく誤解をしている、と。たとえばマタイは、イザヤの予言をギリシア語訳で読んでいたため、件の予言を「処女〔ギリシア語で parthenos〕が身ごもる」と解釈した。ユスティノスも認めているとおり、ユダヤの釈義学者によれば、元来のヘブライ語で預言者が書いたのは単に「若い女〔almah〕が身ごもってひとり子を産む」ということに過ぎない――すなわち、すぐ先に起こる世継ぎの誕生を予言していたのである。(94)

だがユスティノスとエイレナイオスは、今日にまで至る多くのキリスト教徒と同様、このような反論には納得せず、古代の預言者たちはイエスの誕生と死と復活を予言していたのであり、彼らの聖なる霊感は実際の出来事によって証明されたのである、と頑なに信じていた。懐疑派はこのような証拠をこじつけと考えるが、信者にとってはそれは神の「救済史」を証明するものなのである。ユスティノスは全人生をこの信仰に賭け、自らは哲学的思弁を放棄して真実を獲得したと信じていた。科学者が実験によって予想を確認するように、経験的に証明しうる真実を。

エイレナイオスは、どの預言――そしてどの啓示――が神から来るのかという問題を解くひとつの方法として「預言に基づく証拠」を捉えていたので、「預言者の文書」にいくつかの「使徒の文書」を付け加えた。というのも彼は、ユスティノスと同様、これらは共に必要欠くべからざる真理の証言であると信じていたのである。当時の他のキリスト教徒と同様、ユスティノスやエイレナイオスが「聖典」という言葉を使うとき、それは基本的にヘブライ語聖書を指している――私たちが新約聖書と呼ぶものはまだ編纂されていなかった。神の真理は救済史の出来事の中に表されているという彼らの信仰は、ヘブライ語聖書とユスティノスが「使徒の回想録」と呼ぶもの――私たちの言う新約聖書の福音書――を密接に繋ぎ合わせる。

私たちの知る限り、いわゆる四つの正典福音書、すなわち新約聖書に含まれる『マタイ』『マルコ』『ルカ』『ヨハネ』の福音書集の枠組みを定めるのに最も働きのあったのはエイレナイオスである。まず第一に、エイレナイオスはたったひとつの福音書にのみ依拠する諸宗派を弾劾した。たとえばエビオン派は『マタイ』のみ、マルキオン派は『ルカ』のみを用いていると彼は言う。これと同様の誤りは、多数の福音書を用いる宗派にもあてはまる。ある宗派は、「自分たちの宗派は本物の福音書以外に多数の福音書を持っている、などと吹聴しているが……だが実際には、彼らの持っている福音書なるものには、神を冒瀆する言辞に満ち満ちていないものは何一つないのである」[95]。エイレナイオスは「外典的、非正統的」文書――『ヤコブのアポクリュフォン』や『マグダラのマリアによる福音書』などの文書――の森を伐採し、ただ四本の「柱」のみを残そうと決意したのであった[96]。彼は大胆にも宣言する、全ての真実を含む「福音」は、ただこの四本の「柱」――すなわち、『マタイ』『マルコ』『ルカ』『ヨハネ』――のみによって支えることができる、と。そしてこの選別の擁護として、それは「四よりも多いことも少ないこともありえない」、なぜなら「宇宙には四つの領域があり、四つの風がある」、ゆえに教会それ自体も「四本の柱のみ」を必要とするのである、と[97]。さらにまた、預言者エゼキエルが神の玉座を支える四つの生き物を見たように、聖なる神の御言葉もまた、この「四書から成る福音書」によって支えられる（この彼の見解に従って、後のキリスト教徒はこの四つの生き物――獅子、雄牛、鷲、人間――の顔を以て、四人の福音書記の象徴とした）。彼は言う、これらの福音書を信ずべきものとしているのは、その書記の中に、イエスの弟子であるマタイとヨハネが含まれており、実際にここに書かれた物語の証人となっているからである。同様に、マルコとルカはペトロとパウロの弟子であり、使徒自身から聞いたことのみを書き記している、という。

だが、今日の新約学者の中で、エイレナイオスに賛同する者は殆どいない。そもそもこれらの福音書は、『トマス』や『マリア』と同様、実際には誰によって書かれたものなのかは全く判っていないのである。ただ私たちが知るのは、これらの「福音書」がイエスの弟子たちに帰せられたということだけだ。さらに、次章で述べるようにエイレナイオスは『ヨハネによる福音書』を、遙かに引用される機会の多い『マタイ』および『ルカ』に結合したのみならず、『ヨハネ』こそが最高の福音書であると述べているのである。エイレナイオスにとっては、『ヨハネ』は今日考えられているような第四の福音書などではなく、第一の、かつ最重要な福音書に他ならなかったのだ。何故なら、ただヨハネだけが、イエスの正体――人の姿を採った神――を理解していたからである。神が「肉となった」あの驚くべき瞬間に神が啓示したことは、単なる人間風情の受け取ったあらゆる啓示を凌いでいる――単なる人間は言うに及ばず、預言者や使徒ですら、である。

言うまでもなくエイレナイオスは、人々が聖なる真理の啓示を求めることを止めることはできなかったし――既に見たように、そんなことを意図していたわけでもない。結局のところ、宗教伝統が時を超えて生き残るのは、その信者たちがそれを再現し、再創造し、その過程において絶えずそれを変えていくからなのである。だが、エイレナイオスの時代から今日まで、彼及び教会指導者の中にいる彼の後継者たちは、信者全員に「四書から成る福音書」と使徒伝承を強制しようと躍起になってきた。以来、キリスト教指導層によって是認される全ての「啓示」は、後に新約聖書の中に安置される四つの福音書の内容に適合することが必須となるのである。無論、何世紀もの間に、これらの福音書は驚くほど幅広いキリスト教芸術、音楽、詩、神学、そして伝説を生み出した。だが、教会における最も才能溢れた聖者、たとえばアビラのテレサやファン・デ・ラ・クルスですら、その境界線から少しでもはみ出さないように——ましてや、超えて行ったりすることのないように——注意を払わねばならなかったのである。今日に至るまで、伝統的な考えのキリスト教徒は、何であれ正典のガイドラインを犯すものは「虚偽と邪悪」であり、人間の心の悪、もしくは悪魔に由来するものと考えている。

　だがエイレナイオスは、たとえ全ての「秘密文書」を焚書にし、四福音書の正典を作り上げたとしても、それだけではキリスト教運動の安定の保証にはなり得ないということを認識していた。如何に「正しい」福音書とはいえ、もしもそれが誤った読み方（それもただ一通りとは限らない）を為されたら？　もしもキリスト教徒が、これらの福音書に誤った解釈を施し、新しい「異端」を創出（いや、エイレナイオスならむしろ、簇出と言うかもしれないが）したら？　まさにその懸念は、エイレナイオスの会衆の中に実現した——そして後に見るように、彼は正統《オルトドクス》（文字通り、「正しい考えの」）キリスト教を作り上げることによって、これに対抗しようとしたのである。

4章　真理の規範とヨハネの勝利

霊的探求の道を歩む人はしばしば、特に『ヨハネによる福音書』に惹きつけられる。極めて単純明快に――かつ、信仰を呼び起こすように――書かれているにもかかわらず、この福音書はパラドクスと謎、そして意味深長な仄めかしに輝いている。ゆえにT・S・エリオットは、その劈頭の数行に魅せられ、次のように書いている。

そして光が闇のうちに輝き、
この御言葉におののく世界は、
沈黙の御言葉の只中に打ち震える。(1)

エリオットより四世紀ほど前に、もうひとりの詩人がいた。改宗したユダヤ人の息子として産まれた、信仰心に燃える若きスペイン人修道士。彼は後に聖人にして神秘家となり、ヨハネの名をわが名として、自ら「十字架《ファン・デ・ラ・クルス》のヨハネ」を名乗った。そしてナグ・ハマディにおける発見のおかげで、二千年近く前、

『ヨハネ』の最初期の読者たちもまた、この福音書に対して、驚くべき、また想像力豊かな反応を示していたことが判明した。

このキリスト教徒たち、すなわちエイレナイオスのいう「邪悪な解釈者」たちは、ヨハネや他の聖典をどのように読んでいたのか――そして何故にエイレナイオスは、彼らの解釈に反対したのか。エイレナイオスによれば、こういう連中は「真実を投げ捨て[2]」、無知な信者を誑かす虚偽を導入しているが、多くの人々にとっては彼らのあからさまな作り話が真実に見えてしまうという。彼曰く、キリスト教の詩人で教師であるヴァレンティノス、その弟子であるプトレマイオス、その他の連中は、「はじまり」に、あるいはそれ以前に起こった事柄について、ありとあらゆる神話を捏造している。のみならず、万物の未知なる源、連中はしばしば原初の父とか〈沈黙〉とか呼んでおるが――というのも、これを語るべき言葉がないからだという――、それがまず初めに神のエネルギー、男性のそれと女性のそれを流出させた、そのダイナミックな相互作用が宇宙を誕生させた、などと言っておる。プトレマイオスの信者の中には、さらに進んで、「はじまり」に聖なる〈叡智〉が出現し、神と一緒になって、『創世記』第一章から三章に書かれているように宇宙を生み出した、という輩までいる。

エイレナイオスは知らなかったかも知れないが、この種の問題はユダヤ教の特定の宗派の間では広く論じられており、それがおそらくヴァレンティノスやプトレマイオスらの議論に影響を与えている。イスラエルの聖典――特に『創世記』『詩篇』『イザヤ書』『箴言』などに関する解釈においても然りである。

ヴァレンティノスその人については、彼自身の著述の僅かな断片しか現存していないので、ほとんど何も判っていない。(3) だが彼は、目に見えぬ〈源〉から目に見える宇宙が出現する秘儀に基づく詩を残している。『創世記』第一章二節にあるように、「霊が水の面を動いていた」後――

私が見た全ては、霊によって漂っていた。
全ては霊によって運ばれていた。
肉は魂に依存し、
魂は気に繋がれていた。
気はエーテルに依存し、
深淵より、果実が現れ、
母の子宮より、子が現れた。(4)

同時にまたウァレンティノスと弟子たちは、世界で初めて、おそらく新約聖書の正典が確立する百年も前に、新しい「使徒」文書を『創世記』や預言と同列に置き、イエスの言葉をイスラエルの聖典と同等か、それ以上の権威あるものとして崇めたのである。(5) プトレマイオスなどは、彼と共に学んだローマ貴族の女性フローラにこう書き送っている。「イエスの言葉は、現実を理解するために唯一の誤たぬ道を示してくれます」(6)。エイレナイオス曰く、プトレマイオスとその一味は神の秘儀を論じて、しばしばパウロの手紙や、『マタイ』『ルカ』などによって知られる「主の御言葉」を引用しているが、中でもしばしば引用し、「これ以上もないほど利用している」(7) のは『ヨハネによる福音書』である。実際、これは彼らの最大のお気に入りである。エイレナイオスがこうした教師たちの注釈を読み、また実際に彼らと対面して、彼らに対抗していくことを決意したとき、彼は既にウァレンティノスの「最も高名な」弟子ヘラクレオンが有名な『ヨハネによる福音書注解』を書いていたことを知っていただろう――この注解は、私たちが知る限り、新約聖書の注釈書としては最古のものである。すなわち新約聖書のあらゆる文書の中で、最初に注釈が付けられたのは『ヨハネ』なのだ。[8]

初めてヘラクレオンの注釈書のことを知ったとき、私は思った――何故、あんなにも明瞭に書かれた福音書に、わざわざ注釈を書く必要があるのだろうか。そして、何故に異端者が、正統教義の試金石となりつつあった福音書に興味を持ったのだろうか。だが後に、新たに発見された資料を研究した私は、このような問いの立て方こそが既に、無意識のうちにエイレナイオスの術語を採用し、彼の観点を受け入れたものだったということを悟ったのである。というのも、彼が成し遂げたこと、そして大成功を収めたことというのは、彼流の『ヨハネ』の――というか、あらゆる福音書の――読み方こそが唯一絶対の読み方であり、彼流のアプローチこそが「正典」としての聖書解釈である、とキリスト教徒に信じ込ませたことなのだ。後に見るように、エイレナイオスは「真理の規範」なるものを主張しており、「ギリシアの哲学者の間で流行っている」[9]釈義の類を拒絶した。たとえばストア派の一派は、ホメロスの叙事詩を隠喩と解釈し、ゼウスやヘラなどの神々を自然の要素の象徴と考えていたし、プラトン派の人々はホメロスの叙事詩を、魂の輪廻の教えの隠喩であるなどと解釈していた。[10]ウァレンティノスの弟子たちが既に行なっていたことに危機感を抱いたエイレナイオスは、われらが聖なる文書をそのように解釈してはならない、と信者たちに命じた。むしろ、如何なるところにも明らかな意味を求め、曖昧な箇所、困難な箇所においては、意味の明瞭な他の部分の解釈に従って理解していかねばならない、と。[11]

エイレナイオスは言う、異教徒どもの読み方は放縦極まりないもので、聖典の中の謎や秘儀、比喩にばかり目が行って、単純明瞭な箇所には目が行かない。連中の読み方はしばしば首尾一貫せず、あるいは文書全体の明らかな意味に矛盾する。[12]連中の中には注釈なぞを書いている者もおり、また『創世記』や『イザヤ書』、パウロ書簡、『詩篇』、福音書などの勝手な解釈に基づいた歌や詩、幻視、「啓示」と称するもの、典礼の舞踊などを作り出す者はさらに多い、と。後に見るように、ナグ・ハマディで発見された文書は、エイレナイオスの懸念を裏付けている。そして彼が喫緊の問題と確信していたこともまた然り——すなわち、霊的真実とは何か、そして如何にしてそれを弁別するか。

ではまず、これらの「放縦極まりない読み方」のいくつかを見て、『ヨハネによる福音書』が議論の中心となった次第を検討しよう。その文体は単純明瞭であるにも関わらず、『ヨハネ』を理解しやすいと感じる読者は少数である。特に共観福音書の観点から見れば、その最古の崇拝者たちですら、それがしばしば『マタイ』『マルコ』『ルカ』の記述と矛盾することに気付いていた。たとえば、既に述べたように『ヨハネ』の物語はイエスが神殿の両替屋や商人を攻撃するところから始まっており、この場面をさらに暴力的なものにするために「イエスは縄で鞭を作り、羊や牛をすべて境内から追い出し、両替人の金をまき散らし、その台を倒した」という描写を付け加えている。[13]既に見たように、他の福音書は全てこの出来事をイエスの生涯の最後に置いている。そしてその方が論理的にも整合性がある。というのも、『マタイ』『マルコ』『ルカ』によれば、この行為によって大祭司たちはイエスを逮捕してローマの官憲に突き出そうと決意したからである。エジプトの聡明な「教会教父」オリゲネス（後には彼自身、異端の誹りを受けるが）は、このことを訊ねられ、答えて曰く、既に見たように「ヨハネは常に文字通りの真実を語るわけではない。彼は常に霊的な真実を語るのである」[14]──実に象徴的な言説である。さらに彼は、聖霊がこのような矛盾をヨハネの福音書に挿入したのは、読者を驚かせ、その意味を問わせ、これらの物語を文字通りに採ってはならないということを示すためである、とまで述べている。読者は陽炎のように揺らめくヨハネの──あるいは、あらゆる「聖典」の──言葉の表面を飛び越えて、そこに秘められた意味を探求せねばならないのである、という点において、オリゲネスはウァレンティノスやその弟子たちに同意するのだ。

彼自身詩人であったウァレンティノスは、聖書の、ことに『ヨハネ』のイメージの持つ力を愛した。正統教会は後に彼の教えを破壊しようとしたが、現存する断片によれば、彼はたとえば神殿の浄化の物語は寓話であり、神が私たちの心の中で輝くとき、そこにあるものを破壊し、作り替え、私たちを真に聖霊の住処に相応しいものに変えるということを象徴している、と述べている。[15] また他の断片には、ウァレンティノス自身の霊的覚醒が語られている。曰く、彼の見た啓示的な夢の中で、新生児が現れ、彼に言った、「我はロゴスなり」[16]──ヨハネの用語で言えば、ロゴスとは人間の形で表された神の言葉である。

ここでエイレナイオスが「邪悪な解釈」に挙げているものをいくつかご紹介し、その実例の何が彼の気に障ったのかを見ていこう。エイレナイオスは、ウァレンティノスを『真理の福音』の著者としている。そしてもしもこれがナグ・ハマディで発見された『真理の福音』と同一のものであるなら、私たちは歴史上初めて、ウァレンティノスが「隠された秘儀、救世主イエス」をどのように称揚したかを直接見ることができる。[17] 書いたのがウァレンティノスであるにせよ、あるいは（より可能性が高いが）彼の弟子のひとりであるにせよ、『真理の福音』は神のいない世界を悪夢として描いている。ちょうど二千年近く後にマシュー・アーノルドが描いているような世界だ。

この世界、それは我々の前に
夢の国のようにある。
多様で、美しく、新しい。
だが実際にはそこには喜びも愛も光も確かさも平和も、苦悩への助けもない。
我々はここにいる、この暗闇の大地に。
そこには闘争と恐怖の混乱した警告が響き、
闇の中、何も知らぬ軍勢がぶつかり合う。[18]

『真理の福音』もまた、神なき人間の存在を悪夢として描く。その中で人々は――
混乱した夢の中にあったかのように……彼らが逃げ行く場所であり、あるいは、他人を迫害した果てに無力となり、あるいは、殴り合いの中にあり、あるいは、自ら乱打を受け、あるいは、高いところから落ち、あるいは、翼がないのに空中に昇る。……人々は迫害する者がないのに彼らを殺すかのようにし、あるいは、自ら隣人を、彼らの血によって汚されたので殺すかのようにする。[19]

だが、アーノルドとは違って、この福音書の書記は、私たちがこの悪夢から覚め、今、ここに神がいることを見出すことができる、と信じている。そして目が覚めれば、恐怖は後退する。何故なら神の息――霊――が背後から追いかけてきて、「手を差し伸べ、［我々を自分の］足で立たせる」からである。[20]『真理の福音』は、ちょうど『ヨハネ』の劈頭のように言う、「父の言葉……限りなく甘美なイエスが……万物の中に入り、万物を支える」。そしてついに万物を神へと立ち返らせ、「彼らを父へと、母へと、帰らせる」。[21]

さらに『真理の福音』曰く、私たちがイエスの――あるいは神の――中に見出すものは、私たちが見たいもの、見ることができるものに依存している。というのも、神は「口で言うこともできず、想像もできない」が、私たちの理解は言語とイメージに縛られており、それは私たちの理解を制限も拡大もし得るからである。ゆえに、言うまでもなく神は男性でも女性でもないが、〈父なる神〉のイメージを喚起しながら、この書記は同時にまた〈母なる神〉のことも語っている。さらに、一方では『マタイ』や『ルカ』でお馴染みのイエスのイメージ（「善き羊飼い」）[22]やパウロのイメージ（「隠された神秘」）[23]、あるいはヨハネ（「父の言葉」）に依拠しつつ、他のイエスのイメージも提供している。一般にイエスと言えば彼の犠牲の死を思い起こさせるイメージで「十字架に架けられた」とされるのを百も承知で、この書記は彼を「木の果実」と見做すように提案する――すなわち、楽園の「智慧の木」そのものである。[24]だが、楽園の木の実を食べたアダムが破滅させられたのに対して、この実、すなわち「救世主イエス」は純粋な叡智をもたらしてくれるのだ――知的な知識ではなく、相互理解の叡智である（ギリシア語の gnosis という語に関連している）――「神は彼らを自らの内に見出し、彼らは神を自らの内に見出したのである」[25]。
この福音書の書名は、その冒頭の言葉から来ている。「真理の福音は、真理の父から恵みを受けた者たちにとって喜びである」[26]。なぜならそれは神と自分自身に対する私たちの考えを変えるからである。この福音を受けた者はもはや、神を「小さき者とも、冷酷な者とも、怒る者とも考えてはおらず」――聖書の一部にはそのように書いてあるが――「むしろ悪がなく」、揺るぎなく、甘美で、全知であると考えている。[27]『真理の福音』によれば、聖霊とは神の息であり、〈父なる神〉ははじめに息を吐き、全宇宙の生命を存在せしめ（「彼の子らは彼の芳しき息である」）、次にあらゆる存在を神的根源の抱擁に吸い込む。[28] 一方、彼は「自らの中に神を見出し、神の中に自らを見出した者」に対して、認識《グノーシス》を行動に転化せよ、と説く。

真理を求める人に真理を語りなさい。
迷いの内に罪を犯した人々のために認識を語りなさい。
躓いた人々の足を堅くし、病気の人々にあなたたちの手を伸ばしなさい。
飢えた人々を養い、
疲れた人々に安息を与え、
起きあがろうとする人々を起こしなさい。[29]

他者を気に懸け、善を為す者は「〈父なる神〉の御心を為している」。

エイレナイオスの言う「邪悪な解釈」の第二の例——いわゆる「十字架の輪舞」を見れば、彼の言う「異端者」とは福音書に「勝手な添加を行なう者」という意味であることが解る。「十字架の輪舞」を書いたウァレンティノスの匿名の弟子は、『ヨハネ』の記述に欠落している部分を補うために、イエスが「引き渡される夜(30)」、弟子たちと共に歌い、踊った様子を記している。「十字架の輪舞」の著者は『ヨハネによる福音書』が、最後の晩餐においてイエスが弟子たちにパンと葡萄酒を与え「これは私の肉であり、血である」と告げる場面を省略しているということに気付いていた——マタイ、ルカ、パウロはいずれもこの場面を中心に据えていたというのに。というのも、この場面こそ「主の晩餐」の式次第を示すものと考えられたからである。だがヨハネの描くその夜の模様では、全く別のことが起こっている。晩餐の後、ヨハネのイエスは——

食事の席から立ち上がって上着を脱ぎ、手ぬぐいを取って腰にまとわれた。それから、たらいに水をくんで弟子たちの足を洗い、腰にまとった手ぬぐいでふき始められた(31)。

ヨハネによれば、イエスと聖餐を共にしようとする者にとって、この行為は極めて重要——というよりも、必要不可欠であった。何故なら彼の物語によれば、ペトロは師たる者が奴隷のように彼の足を洗うことに抗議したのに対して、イエスは言う、「私のしていることは、今あなたには分かるまいが、後で、分かるようになる」、さらに加えて「もし私があなたを洗わないなら、あなたは私と何のかかわりもないことになる(32)」。いにしえの時代より今日まで、多くのキリスト教徒がこの場面を再演してきた。

この場面が、ちょうど最後の晩餐と同様に儀礼の雛形であるかのように。ゆえに、復活祭の前の木曜日、ローマ・カトリックの教皇はイエスの役割を演じ、枢機卿たちの足を儀礼的に洗う。末日聖徒イエス・キリスト教会では、大管長は「長老」たちの足を洗う。そして今日でも、他のキリスト教宗派――さまざまな東方正教会、および多くのプロテスタント諸派、たとえばバプテスト教会や再洗礼派などが――同じようなことをする。

「十字架の輪舞」において、ヨハネの物語に異なる逸話を付け加えることによって、これを大胆に改訂したのが誰であれ――おそらくその著者名は意図的に秘されている。「十字架の輪舞」は、『ヨハネ言行録』に収録されているが、これは『ヨハネによる福音書』に霊感を受けて書かれた物語と伝承のコレクションで、二世紀に編まれたものだ。ここでヨハネは、イエスの最後の夜の物語を『ヨハネによる福音書』に省略されている部分から開始する。曰く、イエスは弟子たちを招き、共に踊り、歌うように言う――

逮捕されるに先立って、私たち全員を集めて言われた。「私が彼らの手に渡される前に父を賛美しよう。それから、来たろうとすることに赴こうではないか」。そこで、彼は私たちに、互いに手を取り合って輪を作るようにお命じになると、自らその中央に入って、「私の賛美に続けてアーメンを答唱しなさい」と言われた。(33)

それから、弟子たちが輪になって踊ると、イエスは聖歌を歌い始めた。その歌詞は、『ヨハネによる福音書』を思い起こさせる。


「あなたに栄光あれ、父よ」。そして私たちも輪になって答えた。「アーメン」。

「あなたに栄光あれ、〈ロゴス〉よ。あなたに栄光あれ、恩寵よ」。「アーメン」。

「あなたに栄光あれ、聖霊よ。あなたに栄光あれ、聖なる者よ……」。「アーメン」。

「私たちはあなたを讃えます、父よ。私たちはあなたに感謝します、その中に闇の住まない光よ」。

「アーメン」。

「私はあなたの光である、あなたが私を見つめる時」。「アーメン」。

「私はあなたの鏡である、あなたが私を知る時」。「アーメン」。

「私はあなたの門である、あなたが私を叩く時」。「アーメン」。

「私はあなたの道である、旅人たるあなたの」。「アーメン(34)」。


鏡に関するフレーズは『トマスによる福音書』に直接由来するのかも知れないが、最後の二つのものの出典は、他の多くのものと同様、『ヨハネによる福音書』である。

というわけで、この聖歌を作ったのが誰であれ、作者は明らかに『ヨハネによる福音書』の中に、私たちがしばしば『トマス』と関連づけるような種類の教義への霊感を見出したわけである。というのも、ここではイエスが、自分自身をイエスの中に見出すよう弟子たちに言う――

「私が被ろうとしている苦しみはあなた自身のものである。すなわち、あなたが苦しんでいるものを、あなたは全く知ることが出来なかっただろう、もしも私が〈父〉から言葉［logos］としてあなたの許へ遣わされていなかったなら。……苦しむことを認識すれば、苦しみのない状態を得るだろう(35)」。

つまり、「十字架の輪舞」においてイエスは、彼の受難は人間の苦しみの本質を明らかにするためのものである、と言うのだ。そして彼は仏陀が説いたのと同じパラドクスを説く――苦しみを認識するようになった者は、その瞬間に苦しみから解放される、と。そして彼は、この宇宙舞踊に参加するよう弟子たちを誘う。「踊る者はその全てに与る」「アーメン」「踊らぬ者は生じ来たることを悟らない」「アーメン(36)」。

『ヨハネ言行録』の愛読者は、聖餐式の際にこれらの歌を歌い、手に手を取り、輪になって踊り、イエスの、そして自分自身の受難の秘儀を讃えたのだろう――そして今日においても、このような儀式を行なうキリスト教徒がいる。『ヨハネ言行録』のヨハネは、各人によってイエスの捉え方が異なることは「奇妙なことでも矛盾するわけでも」ない、と説く。何故なら、人が何を見ることができるかは、その人の期待と能力とに掛かっているのだから。彼は言う、ある時、ペトロとアンデレが、湖岸で呼んでいる少年についてヨハネとヤコブに訊ねた。

兄弟は言った……「ヨハネよ、湖岸で私たちを呼んでいるあの少年だが、一体何をしようというのか」。そこで私は言った。「少年って、どの」。彼は答えた、「こっちに合図している少年だよ」。そこで私は言った、「私たちは湖岸でもうかなり長い間不眠で働いたので、それであなたは目が効かないのではありませんか、兄弟ヤコブよ。あそこに立っている男の人は、品が良く、美しく、澄んだ顔立ちの大人であるのがあなたには見えないのですか」。しかし彼は私に言った、「兄弟よ、その方が見えないのだ。でもまあ、そこまで行ってみよう。そして、どういうことなのか見てみよう[37]」。

さらにヨハネは言う、「また別のある時、彼は私とヤコブとペトロを、そこで祈られるのを常としておられた山へ連れて行かれた。そして私たちは彼が光り輝くのを見たが、その光は人間の言葉では言い表すことが出来なかった」。それから、「再び彼は私たち三人を山へ連れて行かれた。私たちは彼が少し離れたところで祈っておられるのを見た」。だがヨハネは「彼が私を愛してくださっていたので、ゆっくりと彼が見ていないかのようにして近づき、彼をその背中から眺めながら立っていた」。突如彼は、主を見るモーセのようにイエスを見た。「彼は着物を全く着ておらず……全く人間のようではなかった。両足は輝き、その光で地面が明るく照らし出されるほどであり、その頭は天にまで届いているのを見て、私は恐ろしくなってしまい、大きな叫び声を上げてしまった」――そこでイエスは直ちに振り返り、見慣れた人間の姿に戻って、ヨハネを叱る。その科白は、他ならぬヨハネ自身の福音書において、トマスに言われるものと同一である。「ヨハネよ、不信仰の者とならないで、信じる者となりなさい[38]」。

『ヨハネによる福音書』は、さらにもうひとつの「邪悪な解釈」に霊感を与えている――有名、かつ影響力のあった『ヨハネのアポクリュフォン』である。エイレナイオスはおそらくこの書を読んでいた。

これもまた匿名のキリスト教徒がヨハネの名で書いたものだが、おそらく『ヨハネによる福音書』の続編のつもりであったと思われる。『ヨハネのアポクリュフォン』はイエスの死の後から始まる。「ゼベダイの子ヤコブの兄弟ヨハネ」が神殿に行くと、ファリサイ派が近づいてきて声を掛けた。曰く、「あのナザレ人はヨハネや信者たちを騙し、君たちの耳を嘘で満たし、君たちの心を閉ざし、父祖の言い伝えから君たちを引き離してしまったのだ[39]」。ヨハネは神殿を立ち去り、山の中の荒涼たる場所へ向かった。「心に深く悲しんでいた」。こうして一人恐怖や疑念と戦っていると、「突如諸々の天が開けて、全被造物が輝いた。そして世界が揺れ動いた[40]」。この世のものならざる光にヨハネは驚愕し、恐怖した。するとその光の中にさまざまに変幻する像が現れ、イエスの声で言った。「ヨハネよ、ヨハネよ、何故あなたは驚くのか、何故あなたは恐れるのか。……私は常にあなた方と共にあるものである。私は〈父〉である。私は〈母〉である。そして私は〈子〉である[41]」。やがてヨハネは、この神の光を放つ者がイエスであり、〈父〉や〈子〉、〈聖霊〉などのさまざまな形で現れたのだということを悟った――〈聖霊〉は女性の姿で表されており（ヘブライ語で聖霊を意味する ruah が女性名詞であることに暗示されている）、ゆえに〈母なる神〉なのであった。

だがこの幻視によってヨハネを慰めた後、イエスは言う、「万物の父なる神」は、実際には人格神のイメージで認識することは出来ない、何故なら〈神〉とは「万物の上にある見えざる者であり、不滅性の中にある者、如何なる視力でも見つめることが出来ないほどの純粋な光の中にある者である[42]」。目に見えず、想像も出来ず、完全に人間の理解を絶する者。ならば、人は〈神〉について何を語ることが出来るのか。この問いに答えるために、『ヨハネのアポクリュフォン』の著者は、『ヨハネによる福音書』

の言葉を借りてくる。「私が理解し得るであろうその限りで――というのも、いったい誰が彼を理解するだろうか……［神］は光である。光を分け与える者である。生命である。生命を分け与える者である」(43)。これに続く部分は、次章で詳述するが、ヨハネと復活のイエスとの驚くべき対話である。イエスは彼に、「はじまり」の時に起こったことに関する息を飲むような、想像力に富む物語を語る――宇宙創造の前に神なるものの中に隠された秘儀、悪の起源、そして人類の性質と霊的運命を。

だが、エイレナイオスが述べている「邪悪な解釈」の中でも筆頭に挙げられるのが、『ヨハネ』への注釈の一部にあった、『ヨハネのアポクリュフォン』と同様の問いである――『ヨハネ』は「万物の起源」について何を啓示しているのか。伝統的にプトレマイオスに帰されているこの注釈の著者は言う、「主の弟子であったヨハネは、万物の起源、〈父〉が万物を生み出した次第を語らんと欲し」(44)、その劈頭の数行に――普通の読者にはそれと解らぬ形で――神的存在の原初的構造を明らかにした(45)。これは「原初の八つ組」であり、聖なるエネルギーの最初の八つの流出から成っている。これは、後にカバリストが述べる聖なる〈セフィロト〉に類似している。かくして、ウァレンティノスとその弟子が『ヨハネ』冒頭を読んで頭に思い描くのは、聖なる言葉である〈神〉、およびイエス・キリストが、いわば聖なるエネルギーの波として上から、すなわち巨大な滝からその支流へと流れ落ちるというイメージであった。

エイレナイオスは『ヨハネ』の冒頭に隠された意味を見出そうというこの試みを拒否し、読者に言う、自分がこの注釈を長々と引用したのは、「親愛なる読者よ、それはこの注解を行なう者が自らを欺く手口、そこから勝手に考え出したことを補強せんとして聖典を誤用する手口を諸君らに知らしめんがためである」(46)。エイレナイオスは言う、もしもヨハネに、神的存在の原初的構造を説明しようという意図があったなら、その意図を明確に記したであろう。ゆえに「連中の解釈なるものの誤謬は明らかである[47]」。それから彼は、後に見るように、『ヨハネ』の真の解釈を提示する。

だがエイレナイオスが五巻に及ぶ膨大な自著『異端反駁』に着手したのは、多くの人々が彼の結論を明瞭からは程遠いものと見做していることを知っていたからである。それどころか、人々は彼と論敵たちとの争いを、正統的キリスト教徒と異端との闘いというよりも、些細な解釈を巡って重箱の隅を突《つっ》き合う団栗の背比べ的神学者たちと見做すかもしれない。エイレナイオスは単に表面しか読んでいない、と論敵が言えば、お前らは皆、それぞれ違うことを言っているではないか、と彼は応酬する。誰一人、他の者に賛成することはないではないか。自分の師に対してすらだ。それどころか、「誰もが毎日のように新しいことを思いつく[48]」。まるでオリジナリティこそが純粋な直観の証明であると考える今日の作家や芸術家のように。だがエイレナイオスにとっては、新奇な事柄というのはその者が真の福音を捨て去ったことの証明に他ならないのである。そこで彼が直面した問題とは、これらの虚偽、虚構、空想を整理することであった。如何にすれば、真実と虚偽を弁別できるのか。

エイレナイオス曰く、過誤から身を守る方法はただひとつしかない――最初に学んだことに立ち返り、「洗礼の際に受けた真理の規範を心の中にしっかりと保持することである[49]」。ここでは、この規範とは何かということを読者が知っているということが前提となっている。「この信仰は、教会が、たとえ全世界に散らばっているとしても……使徒から受け取ったものである」。それは――

唯一なる神、全能なる父、天と地と海の創り主……及び唯一なる救世主イエス、神の子、われらの救いのためにに肉となられ、聖霊によって……処女から産まれ、受難を受け、死から復活し、肉のまま天に昇られた……われらの愛する主イエス・キリストを信ずることである。(50)

彼は言う、真の信仰者は、たとえどこにいようともこの同じ信仰を共有するのである、と。エイレナイオスの夢想する公同の「カトリック教会」は、彼が創ろうと欲していたものよりも、実際に彼が見たガリアの、そしてガリアや小アジアやイタリアの旅の途上で訪れたり聞いたりした教会についてのことを雄弁に物語っている。これらの旅の途上の至る所で、彼は「異端者」からの反発を受けた。これに対して、単純な洗礼の信仰に立ち戻るように説くと、次のような返答が返ってくるばかりであった。

私たちもまた、あなたの言う信仰を受け入れています。そして洗礼を受けたときも同じ信仰告白をしました。唯一なる神、イエス・キリスト、その処女降誕と復活を信ず、と。ですがそれ以来、「求めよ、されば見出さん」というイエスの教えに従い、私たちは教会の初歩的な教えを超えようと努力しているのです。霊的達成を願って。

今や、ナグ・ハマディの発見によって私たちは――事実上、初めて――異端者たちの肉声を直接聞くことができるようになった。ではここで『フィリポによる福音書』を見ることにしよう。ウァレンティノス派の教師と目されるその書記が、「単純な」キリスト教徒と自派を比べてどのように考えていたかを明らかにするためである。私たちがフィリポと呼んでいるこの書記、および彼の一派は、教会教父・殉教者ユスティノスが述べている「ローマの慣習」[51]に似たやり方で洗礼を受けた。まず、参入者は過去の罪を悔い改め、仲間の信徒からイエスの教えを受け、これに賛同し、信仰を告白し、これに従って生きることを誓う。それから衣服を脱いで水に入り、聖なる御名――父なる神、神の子イエス・キリスト、そして聖霊――が唱えられる中で洗礼を受ける。最後に新しい衣服が与えられ、新たにキリスト教徒となった者は聖油を注がれ、聖餐式に招かれる。ユスティノス同様、フィリポはこの洗礼が霊的再生をもたらす、と言う。「この秘儀によって、われらは聖霊を通じて再び生まれるのである」[52]。

だがユスティノスとは異なり――あるいは私の知る限りの、初期キリスト教のあらゆる著述家と異なり――フィリポは問う、洗礼を受けたとき、一体何が起こるのか――あるいは起こらないのかと。洗礼とは誰に対しても同じものなのか、と。否、とフィリポは言う。彼によれば、多数の人間にとっては洗礼は単なる儀式でしかない。こういう人間は「水へ降りて行き、何も受けないうちに上がってきて、『私はキリスト教徒である』と言う」[53]。だが中には、洗礼によって「聖霊を受ける［者がいる］」[54]。……ある人が秘儀を体験するときに起ることとである」。この違いは、神の恩寵の賜物の神秘のみならず、参入者自身の霊的理解力にも掛かっている。

そこでフィリポは、パウロの『ガラテアの信徒への手紙』を思い起こさせる調子でこう語る、多くの信者は、自らを神の子というよりも、神の奴隷と見做している。だが洗礼を受けた人は、生まれたての幼児のように、信仰の中で希望と愛と認識《グノーシス》に向けて成長していくことになっているのだ――

信仰が我々の土であり、その中へと我々は根を張る。希望が水である。それによって我々は自らを養う。愛が風である。それによって我々は成長する。認識が光である。それによって我々は成熟する。(55)

ゆえに、まず初めに処女降誕を信仰告白した者は、後にその別の意味を理解するようになるかもしれない。実際、多くの信者は依然として処女降誕を文字通りに信じ続ける。あたかもマリアがヨセフと無関係に受胎したかのように。「ある者たちはこう言っている、マリアは聖霊によって孕んだと。彼らは間違っている」(56)。何故なら、「処女降誕」とは単にイエスにおいて一度きりに起こった出来事ではない。それは洗礼を受け、「天より降り来た処女」すなわち聖霊によって「再び産まれた」者には誰にでも起こりうることなのである。(57) ゆえに、イエスが人間の両親であるヨセフとマリアの許に生まれ、後に洗礼の際に降ってきた聖霊によって霊的に生まれたように、私たちもまた最初に肉体的に生まれ、洗礼において「聖霊によって再び産まれる」ことにより、「我々がキリスト教徒になったとき、父と母が我々にできた」(58)、すなわち、〈天なる父〉と聖霊が私たちの親となるのである。

だがフィリポは言う、多くの者、すなわち「使徒たちと使徒の権威を継承する者たち」(59)は「間違っている」。何故なら彼らは、この秘儀に気付かない――あるいはむしろ、これに背いているからである。さらに曰く、彼らは復活に関しても間違っている。何故ならこの場合も、彼らはそれがキリストが死んで墓から肉体のまま復活したという、ただ一度きりの出来事を指すと考えているからである。フィリポによれば、イエスの復活は処女降誕と同様、過去に起こった出来事であるばかりではなく、霊的変容を遂げる人全てに起こりうることの模範なのである。フィリポは、復活に関するパウロの有名な説教（「肉と血は神の国を受け継ぐことはできない」『コリントの信徒への手紙一』一五章五〇節）を引用し、洗礼において聖霊を受けた者は単に「再び産まれる」のみならず、「死から復活する」と述べている。(60)

だが、そんなものは復活の意味するところではない、と反対する者がいるかもしれない——イエスは肉体において復活したのではなかったか。フィリポは答えて曰く、「この肉にあって甦ることが必要である。何故なら、この世においてはあらゆるものがその［肉の］内にいるのだから」。だが、彼は肉体の復活を文字通りに受け取る者に反対する。そして最後に、こう問うのだ、「肉とは何であろうか」。これに対して、彼は『ヨハネによる福音書』を引用する。「私の肉を食べず、私の血を飲まないものには生命はない」（『ヨハネ』六章五三節）。彼によればイエスのこの言葉は隠喩であり、その意味するところは、彼らが参加するパンと葡萄酒の聖餐式において、イエスの「肉」とは彼の聖なる「言葉」であり、「血」とは聖霊に他ならないのである。(61)

かくしてフィリポは、名目だけのキリスト教徒——単に洗礼を受けたというだけでキリスト教徒を名乗る人々——と、洗礼の後に霊的に変容した人々とを峻別する。フィリポ自身は自らを後者と見做しているが、だからといってただ単に霊的エリートを自称して喜んでいるわけではない。むしろ、究極的には全ての信者が変容する、もしもこの世においてではないにしても、永遠の時の内にはそうなる、と述べているのである。そして彼によれば、このような変容を体験した者は「もはやキリスト教徒ではない、キリストである」。(62)

もしもエイレナイオスが『フィリポによる福音書』を読んだなら、彼はこのような教義には鋭く反対していただろう。というのも、既に見たように、彼が「洗礼の際に受けた真理の規範を心の中にしっかりと保持せよ」と信者に説くとき、彼が特に意図したのは「処女から産まれ、受難を受け、死から復活し、肉のまま天に昇られた……われらの愛する主イエス・キリスト」[63]なのであり、そして彼以後の多くの正統信仰の信者と同様、エイレナイオスはこれらの出来事を、それを通じてキリストが人類の救済を確実なものとした、ただ一度きりの啓示的事件と確信していたのである。もしもフィリポ派が、自分たちも同じ信仰告白をしていると答えたなら、エイレナイオスはこう応じていただろう、ヴァレンティノス派への答えと同様、「諸君は同じことを言っていたとしても、その意味するところを勝手に変えてしまっている」と。ヴァレンティノス派の人々は、その通りだと認めるのに吝かではなかったかも知れない。だが、その後こう訊ねていたはずだ、それの何が悪いのか、と。「諸君と同じ信仰告白をしているのに、何故に諸君は我々を異端と呼ぶのか」[64]。確かに我々の解釈はあなたのものとは違っている。また我々の間でもそれぞれ違っている。だが何故にエイレナイオスは、こうした違いが教会にとって危険であると考えるのか。

この問いに答えるのは容易ではない。と言うのも、エイレナイオスは明確な境界線を好んでいたが、にも関わらず彼は単なる偏狭な精神の持ち主ではなく、またあらゆる違いを許容できない不寛容な人間だったわけでもないからである。事実彼は、師ポリュカルポスの望んだ普遍的教会の実現を追い求める過程で、一世紀半に及ぶ、またゲルマニアからスペイン、ガリアから小アジア、イタリアからアフリカ、エジプト、パレスティナに及ぶ広い領域のキリスト教徒が持つ多種多様な伝統を「使徒的伝統」の中に含めているのだ。エイレナイオスは確実に——見解の相違を承知で許容した多数の伝統は言うに及ばず——彼自らが受け入れた伝統の中にすら、実に多様な信仰と礼拝があり、文字通り「全世界に散らばった……カトリック教会」だけのことはある、ということを認めていた(65)。

事実、エイレナイオスはいくつかの見解や礼拝の違いには寛容になるように信者たちに命じている。たとえば、彼はたったひとつの福音書しか信奉しない人々、たとえば『マタイ』しか奉じないというエビオン派や、『ルカ』しか奉じないというマルキオン派を批判している。そして彼の同時代人で同じくユスティノスの弟子であったタティアノスが、さまざまな福音書をリライトして纏め上げ、ひとつの総合的な福音書を創ろうとしたのに対して、エイレナイオスは、私たちの知る限り歴史上初めて、四つの福音書の明らかな差違には目を瞑ってその全てを受け入れることを奨励し、これを合わせて「四書から成る福音書」というコラージュとするよう説いた人物である。さらにまた、ローマ司教ウィクトルが都の全キリスト教徒に命じて、復活祭は同一の日に祝うよう強制した時も、エイレナイオスはわざわざローマまで出向き、これを取り消すよう要請した。というのも、エイレナイオス自身もそうだったのだが、ギリシア語を話すキリスト教徒は小アジアからの移民であり、伝統的に別の日に復活祭を祝っていたからである（現在でも、ギリシア、ロシア、エティオピア、セルビア、コプトの各正教ではそうなっている）(66)。

だが、そのように幅広い見解や礼拝を認めていたエイレナイオスが「異端《ヘテロドキシー》」——この語は文字通り「異なる見解」を意味する——に問題ありとしたのはどの点であり、またそれは何故なのか。何故に彼は『真理の福音』を、他の全ての「異端的」福音書と同様、「使徒的福音書とは何の関係もなく」「神聖冒瀆に満ちている」と断じたのか(67)。何故に彼は、『ヨハネのアポクリュフォン』を「異端者のでっち上げた虚偽」と主張したのか(68)。この問いに答えるには、まずエイレナイオスが、神学論争を得意とする論理的な思考の哲学者ではなく、ガリアの地で暴力的な血腥い弾圧を受けたキリスト教徒の一派の指導者に祭り上げられた若者であった、ということを思い起こす必要がある。既に見たように、常に彼の心に取憑いて離れようとしなかったのは、彼が育ったスミルナの地で、年老いた霊的指導者である司教ポリュカルポスが守備隊に追われ、田舎の家に身を隠した後に捕らえられ、闘技場に引き出され、怒号する群衆の前で裸に剥かれて生きながら焼かれたという事実であった。さらに二十年後（一七七年頃）、ポリュカルポスが存命なら彼を宣教師として送り込んでいたかも知れないガリアの地で、エイレナイオスはキリスト教徒に対するさらなる迫害を目撃した。ある者はリンチを受け、他の者は逮捕され拷問され、多数が牢獄で呻吟しながら死んだ。「リヨンとヴィエンヌの教会の手紙」によれば、拷問や投獄に耐えて生き残り、なお信仰を捨てなかった三十から五十人の信徒は、町の人々が詰めかける闘技場の見せ物として、野獣に引き裂かれたり剣闘士に切り裂かれたりした。そして既に見たように、年老いた司教ポティヌスが牢獄で拷問の末、晒し者にされて死んだ後、おそらく当時三十代だったエイレナイオスは、何とか逮捕を免れ、生き残った人々の指導者の役を引き受けたのである。

　そこで彼はまず、離散した信者たちを集め、共同体という隠れ家を与えようと決意した。そのためには、ポリュカルポスが考えた「カトリック」教会という名の世界的規模のネットワークに彼らを参加させることとである。だがエイレナイオスが懸念したのは、この教会に分裂の危機をもたらす要素であった。では、その分裂をもたらす要素とは何だったのか。エイレナイオスはこう答えただろう、異端である、と。そして彼が異端というものを定義づけたやり方に倣って、歴史家は伝統的に、正統《オーソドキシー》（文字通りにいえば「まっすぐな思考」）をある特定の観念と意見の組と見なし、異端《ヘテロドキシー》（「異なる思考」）をそれと対立する観念の組と見なして来た。だが今や、正統と異端を単に特定の観念の哲学的・神学的内容としてのみ理解する伝統的な分類はあまりにも単純にすぎるということが判明したのである。エイレナイオスが特に懸念したのは、これらの「霊的教師たち」が、信徒の一部に第二の洗礼を施し、これによって会衆の内部に独立した集団を作り出しているという点であった。その行為はすなわち、キリスト教徒の連帯に楔を打ち込むものとなりうる。

既に見たように、『フィリポによる福音書』の書記は、「誤っている」者と「真実を知るに至った」者を弁別することによって、暗に教会をふたつに割っている。だがエイレナイオスは、ウァレンティノス派の多くが、公然と教会を分裂させていることを知っていた。そして何よりも彼の逆鱗に触れたのは、彼らの言論ではなく、その行動であった――とりわけ、多くの者が、アポルトロシスと呼ばれる儀式(その形態はさまざまである)において、第二の洗礼を行なっていたことである。[69] エイレナイオスはその次第を詳細に記録している。まず第一に、「霊的キリスト教徒」を自称する彼らは、多数派である「一般信徒」「教会の徒」の中から軽率な人々を誘い出し、私的な集まりに招く。そこで彼らは、その新参者に――そして自分自身に――彼らの信仰とは何かを問いつめさせる。そしてその過程で、しばしば聖典の文章を論じる。エイレナイオスはあるいは実体験に基づいて語っているのかもしれない。と言うのも、彼らの言うことに反論したり、あるいは彼らの言葉の意味を訊ねたりすると、「その者は真理を受けるに相応しきものではないと判断される。何故ならその者は理解する力を天から授かっていないからである」。ゆえに「彼らは全く回答を与えない」。だが、真理を受けるに相応しい人材を見つけると、長い準備期間を経て、最後にこの者はアポルトロシスを受ける準備ができたと宣言する。これによって彼は「一般信徒」の共同体を超えて、霊的に熟達した選ばれた者の会に入ることができるという。ゆえに――

> 連中は教会に属する者を「一般信徒」「教会の徒」と呼ぶ……そしてある者が小羊のように連中に従属し、その礼拝やアポルトロシスをやり遂げたら、その者は得意満面となり、……自分は既に「神的充足」の中に入ったと想像し……優越感を剥き出しにして気取って歩き、その尊大さはまさに雄鶏そのものである。(70)

エイレナイオスにとって最も許すまじきものとは、プトレマイオスのような教師の周囲に蝟集する集団が、その集会においてしばしば、全てのキリスト教徒が共通して受ける洗礼は実際には信仰生活の第一歩に過ぎない、と聞かされることであった。これらの教師が新入りに説いていたところによれば、ちょうど洗礼者ヨハネが悔い改めた人に水の洗礼を授けていたように、人が初めて神とイエスへの信仰を告白するとき、彼らもまた、実際には罪を浄めるための「ヨハネの洗礼」を受けるのである。そして『マルコ』『マタイ』『ルカ』によれば、洗礼者ヨハネはイエスご自身が信徒を「聖霊と火」によって洗礼する、と予言した。(71) さらにまた、イエスは彼が「受けることになる別の洗礼」のことを語っている。(72) これはすなわち、霊的な道に熟達した者は、第二の洗礼を受けることを意味している、と彼らは説くのである。

のみならず、プトレマイオスとその一派曰く、この高度な洗礼によって、参入者と神との関係は一段と接近する。第一の洗礼においては、信者は〈主なる神〉を創造主として崇め、聖なる立法者にして裁判官として恐れる、と誓ったに過ぎない。だが今や、その理解の段階を超えた者は、神を〈父〉にして〈母〉にして〈万物の根源〉と見做すことができる——言い換えれば、これらのイメージを全て超越する〈一者〉である。かくしてプトレマイオスは、かつて自らを神のしもべと——というか、より乱暴に言うなら、神の奴隷と見做していた人に、これからは神の子になりなさい、と誘うのである。奴隷状態から脱して、パウロの言う神の子、後継者となったしるしとして、(73)プトレマイオスは第二の洗礼をアポルトロシスと呼ぶ。この語は「救済」「解放」を意味しており、法的に奴隷を自由にする手続きを暗示している。

「邪悪な解釈」の実例を思い返してみれば、エイレナイオスの記述は、悪意に満ちてはいるとしても、非常に精確であることが解る。『真理の福音』『十字架の輪舞』『ヨハネのアポクリュフォン』『フィリポによる福音書』などのような革新的な文書を書き、秘蔵した人々は、意図的であろうとなかろうと、ほとんどの信者の信仰を暗に批判しているのである。ゆえに、既に見たように、ウァレンティノスは神を「小さき者、冷酷な者、怒る者」として描く人々と対比させて、「神を知る恩寵」を受けた者にとって神は慈愛深い父である、と書くのだ。多くの学者によれば、『真理の福音』はウァレンティノス派の第二の洗礼の際に読み聞かせるために書かれたという。自らを神の子と認識した人は、この福音書によれば、お互いを「真の兄弟、彼らの上に父の愛が注がれ、彼らの只中に彼の欠乏はない」と認識する。(74)同様に、「十字架の輪舞」に参加し、輪になって踊りながら、イエス役の人に答えて「アーメン！」と唱える人々は、イエスとの新たな関係を祝福する。既に見たように、ここでイエスは言う——

> 私の輪舞に加わって、あなた自身を見つけなさい。語る私のただ中に。そして私の行なうことを見終えたら、私の秘儀については黙しなさい。踊る者には私の行なうことが解る。何故ならあなたのものだから。私が被ろうとしている人間のこの苦しみは。[75]

「十字架の輪舞」に描かれた舞踊の祝祭は、それ自体が一種のアポルトロシスとして働いたのかも知れない。事実上全てのキリスト教徒が何らかの水の洗礼によって新参者を迎えるのに対して、エイレナイオスによれば、これらの霊的教師たちの第二の洗礼の方法は全く一定していないからである。「それには定められた形式というものはなく、全ての教師が自分の好き勝手なやり方でこれを行なう。ゆえにこれらの秘儀的直観の教師の数だけ、アポルトロシスが存在する」[76]。

これらの事柄を注意深く研究した結果、彼らの中には第二の洗礼に水を使う者もいるが、その際の祭文は異なっている、と彼は言う。

> 一部の者は……新参者を水のところに連れて来て洗礼する。その際、次のような言葉を唱える。「知られざる万物の〈父〉の御名において、万物の母なる〈真理〉へ、イエスに降りられた〈一者〉〔聖霊〕へ、合一へ、救済《アポルトロシス》へ、諸権威との交わりへ」[77]。

また別の一派は、一種の霊的結婚としてのアポルトロシスを行なう。そこで人は「キリストと共に神の内に隠されている生命」[78]と結合する。これはすなわち、それまで知らなかった自分の一部、自分と神を繋いでいる部分である。また他の一派は、「特定のヘブライ語の言葉」を繰り返す。彼はその言葉（実際にはヘブライ語の言葉ではない）を記録している——「Basema, Chamosse, Baonara, Mistadia, Ruada, Kousta, Babaphor, Kalacheit」[79]——これらは神の隠された名前であるらしい。この祭文と祈りの後、参加者は祝福の言葉を唱え（「この名の憩う全ての者の上に平安あれ」）、新参者に香膏で塗油し、「アーメン」を唱える。さらにまた別の一派は、あらゆる儀式を拒否している。と言うのも彼ら曰く、「[神の]言語に絶した偉大さを認識すること」それ自体が救済であるからだと。ゆえにそれを認識した者は、既に「解放されている」[80]。

どのような儀礼であれ、新参者は通常、一連の質問に答えさせられる。洗礼や結婚の秘蹟に儀礼的な問答が含まれ、当人の意図や誓約が示されるように（「父なる神を信じますか」「この者を伴侶と認めますか」）、アポルトロシスを受ける者もまたこのような質問を受ける——お前は何者か。お前はどこから来たか。お前はどこへ行くのか。秘儀的宗教を含む多くの宗派が、参入儀礼に用いるこのような一連の質問を用意している——国境警備隊が旅人に問うような問いを。既に見たように、『トマスによる福音書』では、イエスが弟子たちにこういう質問への答え方を教える。おそらくトマス派は洗礼か第二の洗礼の際にこのように訊ねられていたのだろう。

イエスが言った、「もし彼らがあなた方に、『あなた方はどこから来たのか』と言うならば、彼らに言いなさい、『私たちは光から来た。光が自ら生じた場所から……』。もし彼らがあなた方に、『あなた方は何者か』と言うならば、言いなさい、『私たちは［光］の子らであり、生ける父の選ばれた者である』。もし彼らがあなた方に、『あなたがたの中にある父の徴は何か』と言うならば、彼らに言いなさい、『それは運動であり、安息である』と[81]」。

これに正しく答えることができるということは、自分の霊的な正体を知っているということであり、自分と「生ける〈父〉」、そしてイエスとの関係性を知っているということである。イエスもまた、自分自身と同様に「光から来た」のである。このような教師たちのアポルトロシスのやり方はさまざまではあるが、彼らにとって最も重要なことは、エイレナイオスによれば、霊的再生を体験する個人である。「完全なグノーシスを受けた者にとっては、万物の上なる力の中に再び生まれることが必要である、と彼らは言う[82]」。

だがエイレナイオスは、これらの儀礼がキリスト教徒を分断するという事実に狼狽した。曰く、これらの人々が「キリストの偉大にして栄光ある身体を切り刻み、破壊した」ことによってもたらされた損害は、「償えるものではない[83]」。彼によれば、アポルトロシスの真の意味は救済などではなく、別のものである――すなわち、サタンがこれらのいわゆる霊的教師たちを誑かし、「洗礼が神の許への生まれ変わりであるという事実を否定し、信仰の全てを捨て去るようにし向けている[84]」。他の信者たちと分かち合う信仰の価値を減じ、自分たちの小さな一派に人々を引き入れることによって、この教師たちは潜在的に、世界中のキリスト教会にも、またそれぞれの会衆の中にも、無数の分派を作り出そうとしているのである。かくしてエイレナイオスの結論は、こういうことを行なう霊的教師や預言者は実際には異端であり、詐欺師であり、嘘つきである、というものだ。彼が膨大な五巻本『異端反駁』を書いたのは、彼らの言うことを聞くのをやめ、信仰の基盤に立ち返るよう会衆に訴えるためである。そしてエイレナイオスは、聖典の真の意味を教えることを約束し、彼の教えるもののみが真理であることを主張する。

彼の基本的な命題はこれである――全ての信者が受ける「一般的な」洗礼こそ、信仰生活への単なる第一歩どころか、実際に「神の許に生まれ変わること」であるということを如何にして伝えるか。また、そこに含まれるのは単に初心者に必要な初歩的な教えではなく、まさしく「信仰の全て」に他ならないのであるということを如何にして伝えるか。その答えとして、エイレナイオスは後の正統キリスト教となるものの土台の建設に貢献した。どの啓示を棄て、どの啓示を保持するか――そしておそらくそれよりも重要なこととして、保持したものをどう解釈するか――という彼の教えこそが、新約聖書の構成の基礎となり、彼が「真理の規範」と呼ぶものが、今度は正統キリスト教の信経の枠組みとなったのである。だが言うまでもなく、これらはエイレナイオスひとりの手によって成ったものではない。むしろ、彼自身が真っ先に指摘しているように、彼は「使徒伝承」の土台の上に建設を行なったのであり、他の多くの人々の努力の成果を取り入れている。だがこのことは、彼の行動、そしてその後継者たちによるその発展こそが、その後の二千年に及ぶ、私たちの知るキリスト教にとって――そして、私たちの知らなかったキリスト教にとって――決定的な影響を及ぼしたことを意味しているのである。

5章　コンスタンティヌスとカトリック教会

自分がもはや、キリスト教徒なら当然信ずるべきであることの全てを信じているわけではないということに思い至ったとき、私は自問した、何故私は、多くの人がそうしたように、キリスト教を——そして、宗教を棄てないのだろうか、と。それでもなお私は、教会で、そして他の場所で——高徳の仏僧の前や、バル・ミツヴァー〔ユダヤ教の成人式〕の独唱者の歌を聴いている時や、山歩きの途上などに——ときおり、無視することのできない、圧倒的で強力で畏怖すべき何かと遭遇することが確かにあった。そして私は、キリスト教には信仰以外に礼拝というものがあり——それもまた変容への道に他ならないということを理解するようになった。

昨年のクリスマス・イヴ、私は十六になる娘のサラを連れて真夜中の勤行に出かけた。彼女は赤ん坊の頃、ニューヨークのヘヴンリー・レスト教会へ連れて行くと、聖歌隊席から滝のように流れ落ちてくる歌声に、頭を起こして耳を傾けていた。八つの時、彼女はプリンストンにあるプロテスタント教会、トリニティの聖歌隊に入った。曰く、「音楽は私の心を助けてくれるから」。それから八年経った今、寒い街中を歩いた後で、私たちは混雑した教会の中をゆっくりと進み、聖歌隊が立っている楽譜台の後ろの石の階段のところに、二人で座れそうな場所を見つけた。私は子供の頃からこの夜の勤行が好きで、大人になって、特に長男のマーク、それからサラとデイヴィッドが生まれてから、もう一度好きになっていた。だがマークが死んで以後、私はそれに参加する気をなくしてしまった。

なのにこの年の私は、気がつけば全身全霊でキャロルを歌い、ベツレヘムでのイエス誕生の物語に聞き入っていたのだ。天使たちが闇を破り、奇蹟の誕生を告げる――イエスの誕生に関する歴史的資料がほとんど、あるいは全く存在していないということを知っている新約学者たちは、この物語を伝説とミドラシュ〔ユダヤの聖書注解〕の混成物と見做している。すなわち、イスラエルに伝わるイサクや預言者サムエルの奇蹟的な誕生、あるいは幼児モーセの救出などの物語に基づいて創られた作り話である、と。だがその夜、儀式の喜びと荘厳に取り巻かれた私は、その物語を聞いてイエスの差し迫った死、そして光り輝く永遠の臨在の約束を思った。その音と沈黙、蠟燭の光と闇に身を委ねる内に、その儀式がまるで海のように私たちを飲み込み、覆い被さるのを感じた。それが退いたとき、もはや私は過去の特定の時間への囚われを手放し、愛と感謝の波に攫われていた。サラに、ここに集まった全ての人に、家にいる人に、そしてあらゆるところにいる、死んだ人たちと生きている人たちに。しばらくの間、私はその考えに茫然とした――確かに、自分の人生に実際に生じたことだけを材料にしても、これら全てを作り上げることもできるだろう。だが無論、わざわざそんなことをする必要はなかった。というのも、既に気付いたように、無数の人々が既に、数え切れないほどの人生の物語を、イエスの誕生の意味とヴィジョンの物語と音楽に編み込んでいるのだから。かくして、このような儀式は世代を超えて、絶え間なく形を変えながら伝えられ、そして今も変わり続けている。ちょうど、伝統との出会いによって私たち自身もまた絶え間なく変わり続けていくように。

だが、今日の多くのキリスト教徒は、エイレナイオスと同じ疑問を口にするかも知れない――もしも霊的理解が人間の経験から生じるのなら、それはつまり、霊的理解もまた人間の創ったものということに――すなわち、偽りということになりはすまいか。エイレナイオスによれば、人間の経験と神的リアリティが類似していると考えるのは異端であり、自分自身の経験を突き詰めることによって〈神〉に関する真理を見出すことができると考えるのもまた異端である。そこで、と彼は言う、ウァレンティノスとその一派が『ヨハネによる福音書』を開き、言葉とは何を意味するのかを理解しようと欲するとき、彼らは人間の経験の中で言葉がどのように機能するかを考える。(1) これはつまり、彼らは自分自身の推測を神学であると誤解しているということであり、ゆえに彼らが聖典の中に見出すものは、単に自ら捏造したものに過ぎない。「誰も彼も自らの経験を実証しようとしている」(2)。エイレナイオス自身は全く逆に、私たちが自分の経験について語ることは〈神〉とは何の関係もないと考えていた。

ゆえにそれは、人間のあらゆる感情、精神活動、意図の形成、言葉の発声などのまことしやかな集積であり、彼らは何のもっともらしさもなく、神に対して嘘をついてきた。何故なら彼らは人間に起ること、自ら体験することを何でも神の言葉に帰するのである。(3)

エイレナイオスは言う、もしもこれらの異端が正しいなら、啓示など無用である。「主の到来は不必要かつ無用となる。もしも実際に主が、神に関する各人の考えを許容し、維持するために来られたのであるなら」。

エイレナイオスが反対したのは、いわゆる異端者がイエスの完全な唯一性を否定していることであり、彼を人間と同列に置こうとする傾向である。エイレナイオスの主張は、その正反対である。〈神〉――そして神の地上への顕現であるイエス・キリスト――は、完全に人間の思考や経験を超越している。私たちとイエス・キリストの近しさを強調する人々に対して、エイレナイオスは言う、イエスの超越性は人間を隔絶している、と。

聖典に基づいて示してきたように、アダムの子孫の中に、おのずから「神」もしくは「主」と呼ばれる者はない。彼こそ彼ご自身であり、おのずから……地上に存在した如何なる人間をも超えて、神であり、主であり、永遠なる王であり、ひとり子であり、受肉せるロゴスであり、あらゆる預言者、使徒、聖霊自らからそう宣言しており、ほんの僅かでも真理に接した者なら必ずそう見做すであろう。(4)

のみならず、「［イエスが］人間に過ぎない、ヨセフの子に過ぎないなどという者」は、「彼らのために肉となられた神の言葉［『ヨハネによる福音書』一章一四節］」に対する感謝がないということを暴露しているのである。(5) イエスの誕生――「神よりの霊的発生」――が一般的な人間の誕生と全く異なるのみならず、彼の死もまた私たちとは全く異なっている。ただ彼だけが奇蹟のように処女から生まれ、そして彼だけが死んだ後に肉体によって復活した――「肉の実体を以て復活し、弟子たちに釘の跡と脇腹の傷を示された」。[6]

だがエイレナイオスは、多くの人――「異端者」もユダヤ人も――の疑問に答えねばならなかった。イエスを単に「我々のひとり」と見做すことのどこが悪いのか。私たちは皆――私たちも彼も――神の似姿に創られたのではないのか。いかにも、とエイレナイオスは言う。だが、もともと私たちが持っていた神との親和性は、人間が悪の力に屈したときに抹消されたのである、と。「我々は本性として、万能なる神に属している」が、「背教者」である悪魔が人間を捕らえ、支配するためにやって来て、「我々をその本性に反して「神から」引き離し、自らのものとしたのである」[7]。ゆえに、もしも神の言葉が天から我々を救いに来て下さらねば、我々は皆、悲惨な状況のままに死ぬばかりだっただろう。「ゆえに、もしも言葉として存在するわれらが主が人となりたまわざらば、「そして私たちを悪から救うためにその血を流さなければ」我々は神のことを知ることは適わなかったであろう」[8]。

では、エイレナイオスはこの本質的な福音のメッセージを如何にして守ることができたのか――そこに救済の全てが懸かっている福音のメッセージを。既に見たように、多くの霊的教師たちの批判に直面したエイレナイオスは決然として、論敵たちが言挙げするこれらの「無数の秘密文書、不正な書物」[9]を破棄するよう信者たちに命じた。そしてキリスト教徒たちの間に流布しているさまざまな「福音書」の中で、本物はただ四つだけであると宣言したのである。このふたつの決定的な――そして後々極めて影響力を持つことになる――手段の採用によって、エイレナイオスは後のキリスト教徒が新約聖書の正典《カノン》と呼ぶものの設計者となったのである。カノンとは、建築用語で「水準器」を意味する。糸の先に錘を付けたものであることが多く、壁がまっすぐかどうかを調べるために用いられる[10]。

だがエイレナイオス自身はこのカノンという言葉を、私たちのように「四書から成る福音書」の集合の意味や、その他の文書の目録の意味で用いたことはない。彼はそのような文書の目録が異端を抑え込むわけではないということを知っていたのだ。何と言っても、ウァレンティノスやその一派は、ほとんどのキリスト教徒が一致して尊崇する同じ書物から霊感を得ていたのだから。『創世記』然り、パウロ書簡然り、そしてマタイやルカの福音書然り。ゆえにエイレナイオスは、さらに権威ある「カノン」を作り上げようと決意した。あらゆる文書、説教――あらゆる福音書を理解するための水準となるような。

エイレナイオスもその論敵たちも、同じく「洗礼において授けられる信仰の規範」[11]から出発しているにもかかわらず、彼はどうやって、彼の信じるその正しい意味――イエスは神の受肉であるということ――を全ての信者に徹底することができたのだろうか。これを行なうために、彼は異端者たちのお気に入りの福音書を用いて彼らの誤りを証明してやる、と宣言した。彼は「真理の規範」の確立を企図し、自らの『ヨハネ』理解に基づいて――洗礼の説教を、この福音書から借用した言葉で再定義することによって――ある題目を作り出した。それに基づいて彼の後継者たちはニカイア信経を、そしてそれに続く信経を作り上げた。だが、イエスは人の形を採った神の言葉であるというヨハネの教えは、如何にしてエイレナイオスの意図するような、正統教義の試金石になったのだろうか。

もしもヨハネの福音書の意味するところが明瞭なら、この問いに答えるのは容易だっただろう。だが既に見たように、それは最も初期の読者の間ですら、大いに議論を呼ぶほど曖昧なものであった。エイレナイオスの嘆きは、ウァレンティノス派が「常にヨハネの福音書を引用している」[12]にも関わらず、驚くべきことに、傑出した「教会教父」たちは、彼の尊崇する三人の師を含めて、全くこれを引用しないことであった。[13] エイレナイオスはおそらく気づいていただろうが、彼自身の師であるスミルナの司教ポリュカルポスはヨハネの福音書を知らなかったらしい。だがいずれにせよ、私たちの知る限り、彼はそれに言及していないのだ。あるいはまた、エイレナイオスの尊崇していた殉教者で、近隣のアンティオキアの司教イグナティウスも、[14] さらに言うならローマのキリスト教哲学者であり、その著作をエイレナイオスが崇敬していたユスティノスも、やはり『ヨハネ』には言及していない。ただし彼は、「新預言」運動に反対した人々を含む一部のキリスト教徒が『ヨハネ』を拒否した、とだけ述べている。おそらく彼は、ローマの教師ガイウスが『ヨハネ』を異端的と呼び、[15] これは実際にはイエスの弟子のヨハネではなく、ヨハネの最大の敵であった異端者ケリントゥスが書いたのだと決めつけていることを知っていたのだろう。[16] とはいうものの、この福音書を「正統派」キリスト教徒に紹介したのは、エイレナイオスが初めてではない。その何年か前、同じくユスティノスの弟子であったシリア人タティアノスがいくつかの福音書をリライトして混成版「福音書」を作ろうとした時、『マタイ』や『ルカ』と共に『ヨハネ』もまたその中に採り入れている。そしてタティアノスの混成版の断片が数多く発見されていることからして、これが広く読者を獲得したことは間違いない。[17] エイレナイオス自身、『ヨハネ』を、故地である小アジアで受け継いだ伝統の一部として扱っていた。だが自らこの福音書を擁護し、「主の弟子であるヨハネ」[18]がエフェソスでこれを書いたとする伝承を繰り返す一方で、彼は多くのキリスト教徒がこの福音書に疑問を抱き、あるいは怪しんでいたことを知っていたに違いない。

では、何故にエイレナイオスは『ヨハネによる福音書』を、それよりも遥かに広く受け入れられていた『マタイ』『マルコ』『ルカ』と合わせ、「四書から成る福音書」の不可欠の一部としたのか。[19] そして何故に『ヨハネ』を、後のキリスト教徒のように四番目に置かず、「教会の福音書」の中の第一にして主要な柱としたのか。曰く、この福音書にこのような高い地位が相応しいのは、ヨハネが――そしてヨハネだけが――キリストの神的起源を主張しているからである。すなわちイエスが――

〈父〉より力と栄光に満ちてお出ましになったことが謳われているからである。「初めに言があった。言は神と共にあった。言は神であった〔『ヨハネ』一章一～二節〕」。また、「万物は言によって成った。成ったもので、言によらずに成ったものは何一つなかった〔『ヨハネ』一章三節〕」。[20]

エイレナイオスによれば、ウァレンティノスの弟子プトレマイオスはこれらの言葉を読んで、神、言葉、そしてイエス・キリストを、いわば上から下へ流れる神的エネルギー波のようなものと考えた。すなわち、上にある無限の神的〈根源〉は、神の言葉という下位の形で現れる。それが次には、さらに限定された形である人間イエスとして現れる、というのだ。[21]だがエイレナイオスによれば、このような解釈は第二章で見たような、ヨハネが伝えようとした中心的な信仰を見落としている――すなわち、イエスとは神から生じた神の言葉の受肉であり、ゆえに地上においては、「主にして神」自身なのであるということを。ゆえにエイレナイオスは『ヨハネ』劈頭に対するプトレマイオスの解釈に反対し、「父なる神」は言葉と同意であり、言葉は「イエス・キリスト」と同意である、と論ずる。そしてヨハネの言わんとしたところとは――

全能にして唯一なる神、そして唯一なるイエス・キリスト、「万物をそれによって成らしめた者」『ヨハネ』一章三節]。彼は言われる、同じ者が「神の子」[一章一四節]であり、同じ者が「ひとり子」[一章一四、一八節]であり、同じ者が「万物の創り主」であり、同じ者が「万人を照らすまことの光」[一章九節]であり、同じ者が「万物」の創造主[一章三節]であり、同じ者が「自分の民のところに来たり」[一章一一節]、同じ者が「肉となって私たちの間に宿られた」[一章一四節][22]。

これを元に、エイレナイオスの後継者たちは単純な、数学的とも言える等号関係を考えた。すなわち神=言葉=イエス・キリスト。[23]今日に至るまで、多くのキリスト教徒がこの等号関係をキリスト教信仰の枢要として受け入れているという事実こそ、エイレナイオスの達成と——その成功を物語るものだ。エイレナイオスはこの点を強調するために、イエス・キリスト自身が「全能にして唯一なる神」「宇宙の創造主」の顕現である、と繰り返し述べる。そして彼のこの大胆な解釈が事実上、正統教義を決定づけることとなったがゆえに、今日『ヨハネ』をオリジナルであるギリシア語以外の言語で読む者は、その翻訳自体が既に、彼の結論を自明のものとして受け入れているということに気付くだろう——すなわち、「私たちの間に宿られた」男は神の受肉である、と(ギリシア語原文の問題については、原註を参照)。[24]

そしてこれこそが、エイレナイオスが『ヨハネ』劈頭から拝借した言葉で再構成した「真理の規範」である。「全能にして唯一なる神がおられ、その言葉によって万物を創られた……ゆえに聖典は言う、『万物は言によって成った。成ったもので、言によらずに成ったものは何一つなかった』[『ヨハネ』一章三節]」。[25]神をこの世、特にその不足と苦難の遙か彼方の高みにあると考える代わりに、神はこの世の中に、この世を通じて顕現した、とエイレナイオスは説く。自らイエス・キリスト、すなわち「肉となった言葉」としてこの世に住むことを選ばれたのだ、と。

彼は言う、この「真理の規範」を用いる者は誰であれ、福音書のみならず、あらゆる聖典をラディカルに読み替えることができる。それはキリスト教徒の先人たちによって開拓された読み方である。すなわち、ユダヤ教の聖典が神の言葉に言及している部分、あるいは主なる神自身に言及している部分は、全てイエス・キリストと読み替えることができるのだ。ゆえに、神がアブラハムに語りかけたというのは、「われらが主、神の言葉が語りかけたということである」――単にアブラハムにのみならず、全ての族長と預言者に対して。

> 疑いなく……〈神の子〉は聖典の至る所に埋め込まれている。ある時にはアブラハムに語り、ある時はノアに箱船の作り方を教える……またある時には、ヤコブの旅を導き、燃える柴からモーセと語る。[26]

彼は言う、預言者エゼキエルが天使たちに囲まれた〈主〉を見たとき、彼の見たのは玉座のイエス・キリストであった。[27]『創世記』が「主なる神は、土の塵《アダマ》で人《アダム》を形づくった」と語るとき［二章七節］、楽園で人間を創造した「主なる神」とは「われらが主イエス・キリスト、『肉となられ』［『ヨハネ』一章一四節］十字架に架けられたお方なのである[28]」。

こういう主張が、『マタイ』『マルコ』『ルカ』の記述から遥かに懸け離れたものであることを、エイレナイオスは重々承知していた。曰く、それらの福音書は、特別の神の力を授かった人間、神の「油注がれし者」としてイエスを描いている。そこでイエスに与えられているのは、少し他人とは異なる——しかし人間としての——役割に過ぎない。ゆえにマタイはイエスを神に任ぜられた王として描き、その家系をダヴィデ王に遡らせる。[29] ルカは彼の祭司としての役割を強調する。[30] そしてマルコは、基本的に彼を神の預言者として描いている。[31] しかしこれらの福音書はいずれも、イエスを神と結びつける一歩手前で止まってしまう——ましてや、両者を同一視などは決してしない。だがエイレナイオスにとっては、『ヨハネによる福音書』こそがまさにそれをやってのけたのである。後に教会教父オリゲネスが述べているように、ただヨハネだけが、イエスの「神性」を語る。オリゲネス同様エイレナイオスは、この点を以てヨハネは独自であるばかりではなく、また「より上位にあり」、他の書記が見落としたものを捉えている、とする。そしてこの信念に基づいて、他の三書に『ヨハネ』を加えることによってのみ、教会はイエスが神の受肉であることを伝える「四書から成る福音書」を完成することができる、と考えたのである。熱狂に浮かされるままに、彼はあたかもヨハネその人に成り代わったかのように思い込み、「主の弟子ヨハネ」がこの福音書を書いた目的は、まさに彼、エイレナイオス自身が今自分の本『異端反駁』を書いている目的と全く同一である、と宣言するのだ——すなわち、「異端」を暴き、「誤ってグノーシスと呼ばれているもの」を広めようとする輩を挫き、そしてとりわけ「教会の中に真理の規範を確立することである」、と。[32]

この新しい真理の規範——〈父なる神〉は「言葉によって万物を創造した」(『ヨハネ』一章三節)創造主であり、その言葉はイエス・キリストとして受肉した——を作り上げたエイレナイオスは、次に実際的な問題に直面する。正しく神を崇拝している者は誰か、そしてしていない者は。彼は言う、まず第一に、ユダヤ人は失格である。何故なら彼らはアブラハムやモーセに語られた「主の言葉」がまさにイエス・キリストに他ならないのであるということを受け入れないのだから。「主の言葉」がイエス・キリストであることを受け入れないがゆえに――

> ユダヤ人は神から離された。主の言葉を受け入れないがゆえに。だが彼らは、自分たちが〈父〉を知り得ると空想したのである……言葉もなしに、人間の形でアブラハムやモーセに語られた神を知らずして。[33]

曰く、彼らの父祖に「人間の形で語られた神」こそがイエスであると認識し得なかったがゆえに、神はユダヤ人を廃嫡し、神の祭司の資格を剥奪された。それでも彼らは崇拝を続けたが、神はカイン同様、彼らの捧げものを拒否される。カインがアベルを殺したように、ユダヤ人は「義なる者イエスを殺し」、ゆえに「その手は血にまみれている」からである。[34]

曰く、ゆえにユダヤ人の神への崇拝は虚しい。何故なら神は既に、彼の「言葉」[35]を確かに認識した人々に祭司の資格を移したからである――すなわち、イエスが「新しい契約の捧げもの」を教えた使徒たちへと。イエスは彼らに、彼の肉と呼んだパン、彼の血と呼んだ葡萄酒を捧げものとするよう教えた。イエスの十字架での死以後、彼の犠牲を再演する聖餐は神の力を地上に降ろす避雷針となった。だが、ただ単に聖餐であれば何でもよい、というものではない。「ただ教会が提供する純粋なる犠牲のみが」

神への道を授けるのである。「ユダヤ人のものでもなく……その他の異端者の集まりのものでもない」。(36)
エイレナイオスが考えたように――疑いなくその通りなのだが――ユダヤ人で彼の本を読む者はほとんどおらず、ましてや神が彼らの崇拝を拒否するという彼の主張にまともに反論する者など皆無だった。ゆえに彼は、ユダヤ人に煩わされることはほとんどなかった。逆に、彼が予期していたのは、キリスト教内部からの反論である。いやしくも洗礼を受けたキリスト教徒の――ましてや司祭の手によって、イエスの教え通りに行なわれる限り、如何なる聖餐も聖なる犠牲となるのではないのか。否、とエイレナイオスは言う。異端者が行なう聖餐などは虚しいだけである。何故なら、「真理の規範」を受け入れた者にとって重要なのは、単なるキリスト教徒であることではなく、正統なキリスト教徒――すなわち、「正しく考える者」――であることなのだから。

エイレナイオスは、自らの福音書解釈の正当性を主張する代わりに、自分自身の信仰をいわゆる「使徒的伝統」の総意と同一視する。ゆえに彼によれば、「正統」キリスト教徒とは四書から成る福音書に加えて、その解釈を示す「真理の規範」――後に使徒信経へと発展する――を護持する者のことを言う。私は別に、彼が聴衆を拐《かどわ》かそうと目論んでいたと言うつもりはない。むしろ逆に、今日に至るまでの多くのキリスト教徒と同様に、エイレナイオスは彼の言う「正統キリスト教」の教えを頭から信じ込んでいたのである。「信仰篤き者《デポシトゥム・フィデイ》」は忠実なる執事として、使徒から受けたもの、すなわちエイレナイオスらが言うところの使徒から預けられた信仰をそのまま次代に伝えるのである、と。ちょうど銀行に預けた金のように、何も加えず、何も引かず。故に彼らは、いにしえの使徒たちの総意の権威を引き合いに出すことによって、自分たちの教えが単に不変の真理であるのみならず、絶対的に正しいものであると

主張することができるのである。(37)

エイレナイオス曰く、永遠の救いに与れるかどうかは、キリスト教会にいるどの司祭が「本物」であり、そしてどの司祭が「異端、分離主義者、偽善者」であるかを見分けることに懸かっている。前者に従い、後者を退けよ。

> ゆえに、キリスト教会の中の司祭――既に見たように、使徒からの伝統を受け次ぎ、さらにまた……確かな真理の賜物を受けた者に従うことが必要である。……と同時に、この継承の基本線から離れ、教会以外の場所で集会をする者には疑いを抱き、悪意ある異端者、もしくは逆上せ上がった分離主義者、もしくは偽善者［と見做さねばならぬ］。(38)

エイレナイオスは、「ウァレンティノスの弟子たち」が聖職者に反対しているわけではないということを知っていた。それどころか、彼らの信用を貶めるのが困難であった理由は、まさに彼らの多くが他ならぬ司祭であったことなのだ。エイレナイオス曰く、他の司祭とほとんど同じようなことを主張しながら、実際には神ではなく「自分自身に仕えている」異端者に気をつけよ。正しく神を崇拝する司祭とだけ関係を持つようにすること。すなわち、単に「健全な教義を教えている」のみならず、「健全な言葉」を語り、「瑕疵なき振る舞い」を行なう司祭にのみ従うのである――簡単に言えば、無許可の集会を開かず、秘密の教えを語らず、特別の参入儀礼をしない司祭ということだ。

『異端反駁』五巻本の締めは、異端を見分け、追放せよという訴えである。真に霊的なキリスト教徒は、「主を殺した下手人」となったユダヤ人に対する神の怒りを思い起こし、「全てのウァレンティノス派」を糾弾せねばならない。多くの信者が彼らを同じキリスト教徒と見做しているが、彼らは実際には信仰を覆し、ユダヤ人同様に「悪魔の子ら」になったのである。「さまざまな逸脱の道」を辿った者に対して、「教会に属する者」は――

ひとつの同じ信仰を共有し、同じ規則を守り……同じ教会組織を守る……そこでは、世界の至る所で、唯一にして同一の救済の道が示されている。(39)

『ヨハネの黙示録』に示された最後の審判を鮮やかに思い起こしながら、彼は悪魔や反キリストやその眷属が手下の人間たちと共に永遠の劫火に投げ込まれる様子を描き出す。一方で天上のイェルサレムが降下し、「使徒の司祭と弟子たち」および「信仰深き者たち」を迎える。(40) すなわちエイレナイオスとその後継者たちにとって、真のキリスト教徒といわゆる異端を区別し――そして「正統な」信仰と礼拝を選択すること――こそが、究極的には天国と地獄の分かれ道となるのである。

エイレナイオス自身の会衆がこの説教にどう反応したかは判らない。だがいずれにせよ彼が、キリスト教徒の大多数がまず始めにウァレンティノス派の観点を受け入れていることに悲憤しているのは事実なのだ。司教エイレナイオスは彼らを「羊の皮を被った狼」(41) と呼んで教会から追放する一方で、ほとんどのキリスト教徒が彼らを最も影響力のある、高徳なキリスト教徒と見做していることを嘆いている。ウァレンティノスはローマのキリスト教徒から教師として広く尊崇を集め、(42) 彼より一世代下のエイレナイオスの時代においてすら、有名なエジプトの教師アレクサンドリアのクレメンス、そしてクレメンスの聡明な弟子であるオリゲネスはヴァレンティノスの傑出した弟子たちと議論した末に、彼らを同じキリスト教の教師と認めている。クレメンスとオリゲネスはしばしばヴァレンティノスの神学を批判しているが、その要素のいくつかを自身の教義に採り入れているのだ(43)。

エイレナイオスの執筆から二十年程後、テルトゥリアヌスはカルタゴの信者たちを相手に、いわゆる異端宗派に入るなと説いた。すると――

「何がいけないのです」と彼らは言った、「この女性やあの男性は、最も信仰篤く、最も注意深く、教会の中でも最も尊敬されている人々です。その人たちが既にあちらに行ってしまったというのに(44)」。

だがエイレナイオスは、ヴァレンティノス派キリスト教徒が存在するだけで、教会は分裂の危機を迎えると確信していた――それは福音書の教えと教会の指導者の権威を掘り崩す、と。ゆえに彼らがその「異端」を棄てるか、さもなくば彼らを教会から切り捨てねばならない、と。当時の人がどう反応したのかは不明である。だがおそらく、多くの人はエイレナイオスの懸念に同調して彼の許に集い、敢えて追放の危険を冒すよりも教会共同体という安全な隠れ家を採ったのではないだろうか。それこそがエイレナイオスによれば、教会と聖職者の「普遍的な《カトリック》」総意という盤石の権威なのだから。いずれにせよ、以後の世代のキリスト教徒は徐々にエイレナイオスに従うようになった。多くの者が、頑固な「異端者」の考えを改めさせるか、もしくは教会から追放するように努めた。彼以後の一世紀半の間に、散発的な迫害が繰り返されたにもかかわらずキリスト教への改宗者は増え続け、そして多くの司教がエイレナイオスの考え出した安全装置を採用し、発展させた。それはすなわち、キリスト教の基本的な教義を標準化し、「唯一の救済の道」から外れた者を追放することによって、エイレナイオス言うところの「同じ教会組織」を強化しようとする安全装置である。四世紀、コンスタンティヌス帝の下で突如としてキリスト教が公認され、その後ローマ帝国自体がキリスト教化すると、司教連合はエイレナイオスの定式書を採用し、彼の夢見た普遍的正統教会《カトリック》を実現しようとする。

だがエイレナイオスの時代から見れば、言うまでもなくこの歴史的転換はまだ百五十年も未来の話である。既に見たように、彼の論敵であるヴァレンティノス派は、決してキリスト教から分かれて独自の道を歩もうとしていたわけではない。だが彼らの多くは、エイレナイオスの提示した代替案——共通の信仰を「信仰の全て」として受け入れるか、あるいはキリスト教の全てを捨て去るか——を拒否した。そして彼らは依然として共通の信仰は真理への第一歩に過ぎないとし、その意味するところを問うと共に、その彼方にあるものを求め続けた。彼らの内部では、単に多様な見解を是認していたのみならず、それを期待し歓迎していた。哲学者たちの議論がそうであるように、多様性こそが独創的かつ創造的な洞察の証拠に他ならなかったからである。(45) テルトゥリアヌスは辛辣に述べる——

彼らは「万人の中にある霊的種子」のことを考えるとき、何か新しいことを思いつくと、直ちにその厚かましさを霊的賜物と呼ぶ——統一など存在しない、ただてんでばらばらなのである！　ゆえに、見ていると、ほとんどの者が互いに咬み合わないことを述べている。彼らが二言目には——それも、心の底から——言いたがる言葉は、「これはそうではない」「私の解釈は違う」「私はそうは思わない」なのである。[46]

テルトゥリアヌスはまた、一部の哲学的宗派において、女性が男性と共に議論に参加していることに衝撃を受けている。「この異端の女どもは——何と厚かましい連中だろう！ 連中は図々しくも、自ら教え、説教し、ほとんどありとあらゆる男性の職能に参加している——何と、人に洗礼までも施しているのだ！」[47]。これらのキリスト教徒は、自らの内部では多様な観点を評価する一方で、司教に従う「単純な」信者に対してはますます不寛容になっていった。エイレナイオスはかつて直接ヴァレンティノス派に問いただしたが、彼らはただ沈黙するか、もしくは、それは誤りである、何故ならあなたは素朴な理解の段階に留まっているからだ、と答えるのみであった[48]。

一方エイレナイオスに言わせれば、こうした「これ以上もないほど阿呆で間抜けな連中」は、破門を宣告されそうになると、自分の信ずるのは何かというと不信心者を地獄の炎に投げこむと言っている気の短い裁判官のような神ではない、などと言う。それどころか、こちらの聖典理解についてあれこれ訊ねてきたりするのである。たとえば、まず初めに「ファラオとその臣下の心を頑なに[49]」しておいたくせに、その後でその罰として彼らを海で溺死させるような神を何故拝むことができるのか、とか、あるいはまた、泥酔して我と我が娘たちを孕ませたロトを罰しない神が義なる神と言えるだろうか[50]、とか。既に見たように、『真理の福音』の著者曰く、「神の完全性」の無限の善と慈しみを知るに至った者は、もはや神をこのような不完全かつ人間的なイメージで捉えることはなくなるのである。

またヴァレンティノスの弟子のヘラクレオンのように、キリスト教徒の間の格差を、心理学者ウィリアム・ジェームズ流に言えば「宗教体験の多様性」に求めた者もいる。[51] ヘラクレオンは、回心体験には質的差違のある二通りのタイプがある、とする。曰く、キリスト教徒の大多数は、何か困ったことがある時にしか神に祈らず、奇蹟を見たときにしか改宗しない。ゆえに福音書はしばしばイエスを奇蹟を行なう者として描くのである。病人を治させたり、死者を生き返らせたり、水の上を歩かせたり。これらのキリスト教徒は、人間の状況――彼ら自身の状況――を、常に苦しみに喘ぎ、死に脅かされるものとして体験するので、イエスをとりわけ治療師・救済者と見做すのである。『ヨハネ』の中にはまさにこういう改宗者の典型が登場する。ガリラヤに行ったイエスは、そこで出逢った役人に、不治の病に冒された息子を治してくれと頼まれる。イエスはその信仰の薄さを詰るが（「あなたがたは、しるしや不思議な業を見なければ、決して信じない」）、役人は再び懇願した。「主よ、子供が死なないうちに、おいでください」。だが、イエスが彼に信仰を持つように命じ（「帰りなさい。あなたの息子は生きる」）、息子が助かった後に、物語は「彼もその家族もこぞって信じた」と結ばれている。[52]

ヘラクレオンによれば、このようなタイプの回心体験はこの役人と同じような神観念を持つキリスト教徒にはよくあるものである――すなわち、厳格で偏狭だが善意の主にして父であり、罪を犯した子には誰であれ死を命ずるが、それでも子らを愛しており、その死を嘆くような存在、としての神である。だが彼らはまた、イエスがわざわざそのために十字架上で死んだにも関わらず、神は自らの子を無条件に許すことはないと信じている――神が実際に救うのは、「信じる者」だけだと。

ヘラクレオン曰く、人は問うかも知れない、神的支配者・父・裁判官として以外の神などあり得るのか、そして奇蹟を起こす救済者として以外のイエスなどあり得るのか、と。福音書に描かれているのはまさにそのようなイエスではないか、と。だが彼は言う、『ヨハネ』にある「井戸の女」の逸話は、恩寵に恵まれた人間にとっての回心とはどういうものかを描いているのである。ここでヨハネは語る、旅に疲れたイエスが、井戸の傍に座って休んでいたところ、そこにサマリア人の女が水を汲みにやって来る。イエスは彼女に水を飲ませて下さいと頼み、その代わりに「生きた水」を与えよう、と言う。

女は言った。「主よ、あなたは汲む物をお持ちでないし、井戸は深いのです。どこからその生きた水を手にお入れになるのですか」。……イエスは答えて言われた。「この水を飲む者はだれでもまた渇く。しかし、私が与える水を飲む者は決して渇かない。私が与える水はその人の内で泉となり、永遠の命に至る水が湧き出る」。女は言った。「主よ、渇くことがないように、また、ここに汲みに来なくてもいいように、その水をください」。イエスは「行って、あなたの夫をここに呼んで来なさい」と言われた。……イエスは言われた。「婦人よ、わたしを信じなさい。……まことの礼拝をする者たちが、霊と真理をもって父を礼拝する時が来る。今がその時である。……神は霊である。だから、神を礼拝する者は、霊と真理をもって礼拝しなければならない」(53)

ヘラクレオンによれば、ヨハネにとって、そして預言者イザヤにとって、水とは「霊的滋養」を意味する。ゆえにこの物語の意味は、霊的な渇きに気付いた女性が、それを満たす方法を知らず、「ヤコブの井戸」に水を汲みに来る。この井戸は、伝統的な崇拝の仕方を象徴している。だがそれでは彼女の渇きを癒すことはできない。そこでイエスが、彼女の内なる泉の存在を明かすと、直ちに彼女はその意味を悟り、「その水を下さい」と言うのである。

ヘラクレオン曰く、これに対するイエスの返事（「行って、あなたの夫をここに呼んで来なさい」[54]）は、意味を成していない。彼女の要求への答えにもなっていないし、そもそもイエスは彼女に夫がいないことを知っているからである。この言葉に戸惑った彼女は、まずそれを文字通りに受け取り、自分には夫はいないが、六人の男と暮らしたことがある、と認める。ヘラクレオンによれば、イエスがこう言ったのは、彼女が「神を知らず、人生に必要なものを知らない」で生きてきたことを示すためである。[55]「あなたの夫をここに呼んで来なさい」という言葉は、彼女が既に神という「配偶者」を持っていながら、それに気付いていないことを知らしめるものである。彼は彼女に、既に与えられているものを呼び起こし、霊的な配偶者、「充足《プレーローマ》」を見いだせ、と言う。ひとたび、これが自らの精髄であることに気付けば、彼女は神との交流を聖なる「結婚」として祝福することができる。

このふたつの回心体験は異なっているが、両者は決して互いに相容れないものではない。前者は救済を罪と死からの解放と見る。後者は「神と自分自身」を知らず、破壊的な行動に陥っている人間が、最後に神との関係を認識し――必要とする過程を示している。ヘラクレオン曰く、前者の回心を体験する者の中にも、いずれ後者を体験する者がいる――そして最終的には、誰もが体験することになるであろう。これこそ、二世紀後にアウグスティヌスの言う「理解を求める信仰」である。

ヘラクレオンによれば、ほとんどのキリスト教徒は、聖典に見出したイメージを文字通りに受け取る傾向がある。彼らは神を、今のこの世界を創った創造主、シナイ山でモーセに十戒を授けた立法者、そしてイエスの聖なる父と見做している。だが、神の存在を体験した者は、このような伝統的な神のイメージを、いわば、人間の考え出したものと見るようになる。だが、だからといってこのようなイメージを拒否する必要はない。何故ならそれは、言葉では表現することのできない神的リアリティの方向を向くための必要不可欠な方法を提供してくれるからだ。だがいずれ、あらゆる宗教言語が——それ以外の多くの言語もそうだが——このようなイメージから成っていることが判るかも知れない。これを認識した者は、イエスの言うように、「霊と真理をもって」神を礼拝するようになる。(56)

エイレナイオスは神とイエス・キリストに関する基本的な信仰を神学的声明の形で明瞭化しようとし、それが後に四世紀の信経の枠組みとなったわけだが、一方ヴァレンティノス派キリスト教は、このような神学的主張の役割を遙かに過小評価した。これらを霊的理解にとって必要不可欠かつ確実な基礎と見做すことをせず——そして、それを無下に却下することもせず——それを単なる初歩的な教えに過ぎないとし、エイレナイオスがもののついでにしか触れていない事柄を強調するのである——すなわち、神は人間の理解をどれほど超越した存在であるかということを。

同様に、『ヨハネのアポクリュフォン』もまた、神学者が否定道《ウィア・ネガティウァ》と呼ぶものを陳述する。神に関して知り得ぬことがらの存在を認識し、誤解を棄てて行くやり方である。とはいうものの、『ヨハネのアポクリュフォン』によれば、人間は神を知る内的能力を持ってはいるが、それは神的リアリティの一端を垣間見る程度のものに過ぎない。(57)『ヨハネのアポクリュフォン』によれば、アダムの脇腹からエヴァが誕生するという物語は、この霊的能力の覚醒を物語っている。それは単純な女性の創造の物語ではな

> く、象徴的に読むならば、「上なる至福なる者、〈父〉（テキストのヴァージョンによっては、〈母父〉）」は、アダムに憐れみを憶え、彼に――
>
> 「助け手」を送った――それは光のエピノイア（「創造的」「創見的」意識）であり、彼からやって来た者であり、〈生命〉（「エヴァ」）と呼ばれた者である。彼女は全被造物を「助ける」。彼と共に働き、彼を全なる存在に立て直し、彼の種が下ってきた理由を教え、彼が下ってきた道を昇ることを教えることによって。[58]

すなわちエヴァは、霊的理解の才能を象徴している。それによって私たちは――どれほど不完全にであろうと――神的リアリティについて思い巡らすことができるのである。やはりナグ・ハマディで発見された『この世の起源について』によれば、最初の男と女が自分たちが裸であることに気づいた時、「自分たちが霊的知識《グノーシス》を欠いていたことに気づいた」という。だがその後、光のエピノイアが「輝きながら現れて、彼らの意識を目覚めさせた[59]」。

『ヨハネのアポクリュフォン』はこの物語によって、私たちの心と精神の中には神と繋がる潜在力があることをしめしている――通常の意識状態ではなく、この隠れた能力が目覚めた時に、である。エピノイアという言葉を正確に置き換える言葉が英語にはないので、ここではギリシア語のままにしておく。啓示を受けることのできるさまざまな意識のモードを語る際に、『ヨハネのアポクリュフォン』の著者はギリシア語の動詞 **noein**（「知覚」「思考」「認識」などの意味）に関係したさまざまな単語を用いている。

曰く、神は本質的に理解不可能だが、神が人類に示す諸力、たとえばプロノイア（予見的認識）、エノイア（内的思考）、プログノシス（予見、直観）などは全て女性的存在として擬人化されている。これはおそらくギリシア語におけるこれらの名詞が女性名詞であるためだろう。だが『ヨハネのアポクリュフォン』によれば、とりわけ純粋な洞察をもたらすのは「光のエピノイア」である。これを想像力と訳すことができるかも知れないが、多くの人はエイレナイオスに倣って、意識的認識というよりも単なる空想としている。だが『ヨハネのアポクリュフォン』によれば、エピノイア（及びそれに関係した認識のモード）は依然として曖昧、かつ限定的な——だが、必要不可欠な——才能である。そこでヨハネが全ての人間が光のエピノイアを受けるのかと問うと、救世主は然りと答える——「その力は全ての人間の上に到来するであろう。というのも、その力無しには誰一人立つことが出来ないからである」[60]——、さらに、エピノイアは善悪を区別する力を授けることによって、彼女を愛する者たちを強くする。ゆえに道徳的洞察と倫理的な力は霊的理解と切り離すことが出来ない。「生命の霊が増すならば、その時には、力が到来するのが常であり、その魂を強めるものである。そして、その魂を悪の業の中へと迷わせることは誰にも出来ないものである[61]」。

『ヨハネのアポクリュフォン』の著者は、この霊的直観のもたらす洞察は、完全でも確実でもないということを強調する。むしろエピノイアは暗示や瞥見、イメージや物語をもたらすのであり、それらは現在の私たちには完全には理解できないものを不完全なやり方で示すに留まる。従って、『ヨハネのアポクリュフォン』の物語自体を文字通りに、あるいはあまり深刻に受け取ってはならない、と著者は言う。それらもまた、パウロ言うところの「鏡におぼろに写ったもの[62]」を見ているに過ぎないのである。

だが、如何に不完全なものであれ、それを一瞥するだけで、神的なものの存在を明らかにすることができる。というのも、この霊的直観がなければ、「人々は何の喜びも無く年老い……神を知ることなく死ぬ[63]」。

では、何故多くの人はエピノイアに気づかないのか。この問題に答えるために『ヨハネのアポクリュフォン』はひとつの物語を用意している。曰く、『創世記』に描かれている創造主としての神は、それ自体が、宇宙を生み出した〈神的根源〉を擬人化したイメージに過ぎず、多くの人はこの不完全なイメージを〈神〉そのものと取り違えている。この物語における創造主としての神は、自らの上にいる「至福なる者、〈母父〉、至福にして慈悲深き〈一者〉」の存在を知らず、自らが唯一の神であると嘯いている（「私は妬みの神である。私の他に神はいない[64]」）。この独占的な力を維持するために、彼は被造物である人間を支配下に置こうとし、善悪を知る木の実を食べることを禁ずる。だがアダムとエヴァは彼に背き、上なる〈神的根源〉の知識を求めることを選択する。そこで彼は、彼らが内なる根源、光のエピノイアの声を聞いたことを知る。これを知るや否や、創造主なる神は復讐に転ずる。両者を罰し、そして両者のゆえに大地そのものにまで呪いを掛けるのだ[65]。それから、女性を男性に従わせようとする。「お前は男を求め、彼はお前を支配する[66]」。そして最後に「彼の天使の全ては、彼らを楽園から追放し[67]」、「過酷な宿命」を与え、日々、彼らが「光のエピノイア」に目覚めないように盲目に留め置いたのである[68]。

だが、これはあくまでも神話的説明に過ぎない。「光のエピノイア」が抑圧されていることに関する、もっと実際的な理由はないのだろうか。『ヨハネのアポクリュフォン』の著者は、エイレナイオスのようなキリスト教徒は「神の上の神」などと発言する者に反発し、人はすべからく創造主のみを崇拝すべきであると主張することを知っていたに違いない。だが、ヴァレンティノス派がしばしばこのような反発に対して沈黙で答えたのに対し、『ヨハネのアポクリュフォン』の著者は、その反発にこのような物語で答えたのである。この物語は、そのような教会指導者たちが、彼の仕える神の名において、霊的キリスト教徒を地獄に送った様子――及びその理由を語っている。『ヨハネのアポクリュフォン』によれば、神を創造主としてのみ崇拝する者――ほとんどのキリスト教徒――は、人間が霊的に覚醒することに対するこの神の憎悪、そしてそれが人間の中に存在すると説く者への憎悪を共有している。ゆえに、創造主がエピノイアに対して敵意を抱くという物語は、霊的直観を求める者とそれを抑圧する者との間の軋轢の、喜劇でもあり悲劇でもある寓話となっているのである。

このような『創世記』の読み方に衝撃を受け、苦悩したエイレナイオスは、彼らは伝統的な啓示の文書をあまりにも軽視しすぎており――そして自らの空想を重視しすぎている、と論ずる。

無分別な慢心の輩よ、お前たちは神よりも高く、どこまでその空想を持ち上げるつもりか。……神は心にて推し量れるものにあらず、精神にて理解しうるものにあらず――神は世界を掌中にされるお方なり。神の右手の寸法は如何ほどか。その指は。その手を――無限を測るその手を理解できるのか。……何故ならその手は万物を掴み、諸天を照らし、諸天の下なるものを照らし、感情と心を見通し、秘儀の中に、われらの隠れた思考の中にあり、そしてわれらを育み、支えて下さる。……にもかかわらず、あたかも既に神を計り、隈無く調べ尽くしたが如くに……彼らは「神の」上に……別の〈父〉がいるなどと嘯く――まさしく彼らは、そう自称するように天なるものを見上げ

てはいない。ただ底知れぬ狂気の深淵に降りているだけである。(69)
だが、エイレナイオスの観点が世界中の教会で勝利を収めるのに必要だったのは、こうした神学論争ではなかった。実際にはそれは、ローマ皇帝コンスタンティヌスが開始した革命だったのである。パレスティナの司教カエサレアのエウセビウスは、多くの友人やキリスト教徒が命を落とした迫害の時代を生き延び、有名な『教会史』を著す。その書に曰く、三一二年一〇月二八日、神は異教徒である皇帝コンスタンティヌスの見上げる空にキリストの徴を現出せしめる奇蹟を起こし、以て彼を信服せしめた。(70)さらにそれに続く数年の内に、コンスタンティヌスはキリスト教徒を容認し、さらにその支援者となった。だがこの現実的な軍団長は単に、当時の帝国で最大かつ最も統制の取れた集団に認可を与えたに過ぎない。彼はそれを「合法的かつ至聖なるカトリック教会」と呼んだ。(71)

コンスタンティヌスの認可には、言うまでもなく、莫大な特典が伴っていた。三一三年、皇帝はそれ以前の数十年間に及ぶ迫害の時代に「あらゆる都市、もしくはそれ以外のあらゆる場所のキリスト教徒のカトリック教会」から財産を没収した者は、何びとといえどもそれを速やかに「同じ教会」に返還し、(72)損害に対する賠償を支払うべし、とする勅令を下した。カエサレアのエウセビウスによれば、この驚くべき新時代には「司教たちは定期的に皇帝からの親書と、名誉と、金一封を賜った」。(73)『教会史』には、同年に皇帝がアフリカの総督に宛てて書いた書簡が収録されている。曰く、一般市民に対しては義務として課している金融上の責務を、キリスト教の聖職者については免除しようと考えている。だが、アフリカの教会は対立する宗派に分裂していると聞いているので、これらの特権は「合法的かつ至聖なるカトリック教会の司祭」にのみ与えることにする、と。[74] 皇帝はまた、正統な聖職者に対する税金控除、後には免除まで行なう一方、「異端」の教会には増税を実施した。十年ほど経つと、これらの特権の乱用に対処するため、彼は新たな勅令を発布した――

宗教に免じて与えられている特権は、カトリックの信仰を墨守する者のみがその恩恵に与ることができる。さらにまた、異端者と分離主義者はこれらの特権から外されるのみならず、さまざまな公共奉仕の義務を課せられる。[75]

破壊された教会の修復に金を回すだけではなく、コンスタンティヌスはさらに新たな教会の建築を命じた。伝承によれば、ローマはヴァティカンの丘の壮麗な聖ピエトロ寺院、[76] そしてイェルサレムの聖墳墓教会もその一部である。三二四年には東方教会の司教たちに親書を書き送り、「必要な［資金］があれば遠慮なく申し出られよ」[77] と告げた。全宇宙の神を讃えるに相応しい壮麗さを備えた新たな教会を建立するのに必要なものは、何なりと提供するように、既に大蔵大臣には申しつけてある、と。さらにコンスタンティヌスは、特定の司教に帝国の穀物その他必要物資の配給権限を与え、貧しい人々に施しをさせた。病人や貧困者を養えというイエスの訓戒を実現し、かつ迫害時代に拷問や投獄、追放の憂き目を見た人々を支援するためである。[78] さらに、コンスタンティヌスの改革は、キリスト教徒の地位のみならず、ユダヤ人の地位をも変えた。この件に関する当代随一の研究家であるティモシー・バーンズ曰く、「コンスタンティヌスはユダヤ人に対するキリスト教徒の偏見を法的無能力に転化した」。[79] 一年に一日、イェルサレム陥落を嘆く日を除いてユダヤ人のイェルサレムへの立ち入りを禁じ、また非ユダヤ人のユダヤ教への改宗も禁じた。さらにコンスタンティヌスは、「ユダヤ教からキリスト教への改宗を妨げようとしたユダヤ人は生きたまま火刑に処すと定めた」。(80)

コンスタンティヌスは教会の指導層との繋がりを強め、手に負えないキリスト教諸宗派をひとつの調和的な構造体にするために、帝国全土の司教を顎足つきでニカイアに集め、キリスト教信仰の標準的定式を作らせた。巨大な湖に面する内陸都市ニカイアで行なわれたこの会議と、その後数十年に及ぶ騒乱の時代を経て、「真理の規範《カノン》」を明確化し彫琢したニカイア信経と、私たちが正典《カノン》と呼ぶもの――後に新約聖書となる二十一の文書群――が登場したのである。そして両者は、いずれもエイレナイオスの夢想したものの実現に寄与することとなる――すなわち、唯一の「普遍的かつ使徒的」教会に参集した「正統的」キリスト教徒の全世界的な組織の。

それがどのように為されたかをここで論ずるには紙幅が足りない。四世紀に起きたいくつかの特筆すべき出来事ですら、ここで言及するには躊躇を覚える。簡単な紹介だけではとても書き尽くせるものではないからだ。だが、その無理を承知で書く。というのも、それらの出来事は間違いなく、ここまで述べてきた歴史と繋がっているからである。幸いなことに、傑出した歴史家たちが既に良書の数々を発表してくれている。(81)そこで本書としては、三一二年以後の過渡的な数十年間に、コンスタンティヌスがローマ帝国に大規模な再編成を施し、帝国権力の支柱を移していった過程をごく簡易に辿ることにしたい。彼の行なったこと――それも、有力な元老員議員からの反発を最小化するために漸進的に行なったこと――とは、帝国の基本的な宗教を、昔から帝国の安寧を守護してきたローマの神々から、外来の神に乗り換えるということであった。それも、歴代皇帝が挙って「無神論者」として迫害してきた人々の崇拝する神に。[82] この決定的な時期に、コンスタンティヌスは「気候温暖な」[83] ニカイアに司教たちを集めて会議をさせたのである。時に三二五年六月初旬。皇帝自ら会議に参加し、贅沢な晩餐の席で客たちに告げた、朕は神が朕をして「教会の外なる者どもの司教［ギリシア語の意味は「監督者」］」に任ぜられたと確信する、と。[84] かつては多くの歴史家が、会議の全てをコンスタンティヌスが指揮した——むしろ恣にした——と考えていたが、より厳密な研究の結果、彼は司教たち自身が論争を調停し、対立する宗派の間に有効なコンセンサスを作り上げることを許していた、というよりむしろ期待していたことが明らかになっている。彼はニカイアに集った人々にこう語った、「私的な敵意によって神の御業をお妨げすることのなきように」諸君らの間の差違を解消せよ、と。[85]

　彼が解決を望んだ対立のひとつは、数年にわたって帝国全土の教会を悩ませて来たものだ。変革された世界の支配権を獲得せんと争う諸宗派にとって、問題はもはや「カトリック教会」が「異端者と分離主義者」に勝つか否かではなく、カトリック教会を体現するものとして名乗りを上げることができるのは誰か、であった。エジプトでは、アレクサンドリアの司教アレクサンデル、及び後には彼の後継者であるアタナシウスの率いる司教集団がエイレナイオスの定式を受け継ぎ、発展させていた。事実、かつて戦わされていた『トマス』と『ヨハネ』の論争の「正統的」な側を解釈し、当時の人のために改訂したのは彼だったのである。熱烈で戦闘的で一途な青年アタナシウスは、司教の秘書を務めていたが、アレクサンデルが——彼自身が開始したともいう——論争を行なっていたとき、まだ十八かそこらだった。この論争はすぐにエジプトから小アジア、シリア、パレスティナまでの教会を二分することになる。三一八年頃のこと、アレクサンデルは自分のお膝元であるアレクサンドリアの聖職者たちの間で人気を集めているリビア人の司祭であるアリウスという男の噂を聞いた。この男は、〈神の言葉〉は確かに神聖ではあるが、その神聖さは〈父なる神〉のそれとは異なる種類のものであると説いているという。すぐにアレクサンデルはエジプトの司教たちによる会議を招集し、アリウスの思想は異端的であって、彼を支持する全ての司教と司祭もろとも、アレクサンドリアの教会から破門する、と宣言した。

この行動は、新たな論争に火を着けた。アリウス破門の報を聞いたシリア、パレスティナ、小アジアの司教らは自ら諸会議を招集し、その内のいくつかは、アリウスの説教はカトリックの伝統に忠実であるばかりでなく、完全に正統的である、と宣言した。多くの司教がアリウスを元の教会に戻すようアレクサンデルに要請したが、彼は頑なに拒絶した。そんな時、このアレクサンデルとアタナシウスの許に、「普遍的」教会のための信経を作れというニカイアへの召喚状が届いたのである。彼らは、この慎重に選択された――そして熱い論争の戦わされた――神学的フレーズによって、神であるキリスト、すなわち〈言葉〉への信仰告白を確実なるものとなさしめんとの決意を以て会議に臨んだ。その結果に両者は喜んだに違いない――激しい議論の末、最終的に多数決によって決定された信経は、イエス・キリストを「神よりの神、光よりの光、真の神よりの真の神」であり、「創られたのではなく生まれたのである」と宣言していた。ヨハネの術語を借りて、彼は神の「唯一の生まれた《モノゲネス》」子であると（すなわち、全ての天使や人間のように、神によって「創造された」のではないと[86]）。

アレクサンデル一派が初めから賛成していたその次のフレーズは、極めて激しい議論を呼ぶものとなった。キリストは神聖ではあるが神と同一の意味においてではない、というアリウスの観点を排するために彼らは、キリストは〈父なる神〉と「同一の存在」――根本的に何の違いもない――である、という一文を挿入するよう主張したのだ。司教の大多数は、「それが教会内部に調和をもたらすものであるなら、ほとんどどんな信経でも受け入れる用意をしていた」[87]が、このフレーズに反対する人々は、そのような観念は聖典にもキリスト教の伝承にも存在しない、と指摘した。イエス・キリストが〈父なる神〉と根本的に「同一」であるなどと言うのは、あまりにも極端であり、かつ福音書の記述に反するのではないか、と彼らは論じた。だが同一説を主張する者が優勢であり、さらにその上、たったひとつのフレーズを巡って侃々諤々の議論が延々と続いていることに嫌気のさしたに違いないコンスタンティヌスは、とりあえずそのフレーズを入れて議論を早く終わらせてしまえ、と促した。これは決定的だった。今や、コンスタンティヌスが支持した以上、これに反論する者は鼎の軽重を問うていると受け取られかねない。いずれにせよ、退席を選んだ少数以外の全員がそれに署名した――退席したのはアリウスその人と、最後まで彼に忠誠を尽くしたリビアの数名の司祭、それに二名の司教であった。だが後に、このフレーズの挿入は、キリスト教徒の間で何十年もの間――と言うよりも、何世代もの間（人によっては、何世紀もの間）――論議を呼び続けることとなるのである。

最終的に、ニカイア信経は司教たちによって承認され、コンスタンティヌス自身に是認され、公式の教義となった。以後、全てのキリスト教徒は、皇帝の承認する唯一の教会――「カトリック教会」に参加するためには、これを受け入れねばならなくなったのである。司教たちがニカイアで会合する一年前、「異端宗派」に引導を渡す法律を制定しようとしたことがあった。ある試算によれば、それに属する者は帝国内の全キリスト教徒の半数に上ったという。[88]皇帝は全ての「異端者と分離主義者」に、個人の住宅内を含む全ての場所での集会を禁じ、彼らの教会やその他の財産の全てをカトリック教会に明け渡すよう命じた。ヴァレンティノスやマルキオン、預言者モンタヌスらの教師たちと関係を持っていた多くのキリスト教徒はこの法律を無視し[89]、また執政官もしばしばその強制に失敗したが、このような法律はカトリック教会のネットワークを大いに助けた。

アレクサンデルが死に、アタナシウスがその跡を襲ってアレクサンドリアの司教となると、彼は倦むことなく、エジプト中のキリスト教徒にこの信経の下に結集するように説き続けた――エイレナイオスが夢見たように。コンスタンティヌス自身の希望はもっと穏便であり、単にこのニカイア信経がキリスト教徒の合意しうる基本的な枠組みとなれば、と考えていたのだった。そしてそれが「普遍的」教会の構造を破壊するようなものではない限り、議論や異論の余地も認めていたのである。バーンズ曰く、

コンスタンティヌスは万人がキリスト教徒たるべきと信じていたが、そのキリスト教徒は神学的問題に対して異論を持つ権利を法的に有し、思慮分別あるキリスト教徒は兄弟愛の精神に基づいて教義に関して異論を持つこともあり得ると考えていた[90]。

このような神学的議論は、基本的に政治的であるとする説もある。エリク・ペーターソンによれば、多くのキリスト教徒は〈父なる神〉を皇帝に、イエス・キリストを司教に、聖霊を「人々」に結びつけていた。すなわち、〈子〉は完全に〈父〉と同一であるというアタナシウスの主張は、司教の権威が皇帝その人と同一であるという含意を持っていたのである。そしてこのような立場は、アタナシウスがど

の皇帝からの命令も拒絶したこととも関係しており、また中世を通じて西方教会の司教と皇帝との関係の特徴となる権力闘争にも影響を及ぼしているという。逆に言えば、〈子〉に対する〈父〉の優越を認めているアリウスの信経は、皇帝権力を教会の上に置く傾向のあったいくつかの東方教会では形を変えて生き残り、後に「国教会」と呼ばれることになるものの構成に影響を及ぼすこととなったという(91)。この分析をどう見るにせよ、件の会議の後の数十年間、アタナシウスの立場に立つ者とアリウスの側に立つ者との間に激しい闘争が勃発したことは確かである――その闘争は、コンスタンティヌスの跡を襲った息子たちや孫たちまでをも巻き込み、帝国全土の司教と会衆をまっぷたつにしたのだ。

その結果、それに続く四十年の間、アタナシウス自身の地位は、いわゆるアリウス派キリスト教徒――彼自身は「アリウス狂信徒《アリオマニアクス》」と呼ぶのを好んだが――から挑まれ続けることとなった。コンスタンティヌスは当初、アタナシウスをアレクサンデルの後継者として支持していたが、七年後には敵側に回り、アタナシウスを追放するという司教会議の決断を承認した。かくして流浪の憂き目にあったアタナシウスは、三三七年のコンスタンティヌスの死の後に舞い戻り、地位の回復を求めたが、二年後にまたしても司教会議によって追放され、支持者の間に身を隠した。彼に代ってアレクサンドリア司教となったのはカッパドキアの司教グレゴリウスであった。十年近く後にグレゴリウスが死ぬと、アタナシウスはまたまた舞い戻って、再び三年間の地位の回復を求めた。だが三四九年、彼は再び追放され、カッパドキアの司教がその任に就いた。この三番目のライヴァルはその後五年にわたってアレクサンドリア司教の地位にあったが、三六一年に私刑により殺害され、それと共にアタナシウスはまたしても元の地位に復し、今度という今度は三七三年に死ぬまでその座に居座り続けた。

このような抵抗にかかわらず——というか、おそらくはそのゆえに——アタナシウスはエジプトの多様なキリスト教徒全員を、自分の監督下に置こうと決意した。まずは修道女たちの支持を取り付けるために奔走した後、[92] 次に彼はより困難な課題に取り組んだ。さまざまな修道士や「聖者」の集団に対する支配を確立することである。その中には、軍人から転じて修道士となったパコミオスが、キリスト教の合法化以後、エジプト全土に創建していた共住修道院に住む人々も含まれていた。[93] 三六七年春、当時六十代で、司教として安定した地位にあったアタナシウスは、彼の最も有名な書簡となるものを書いた。エイレナイオスの時代とは全く異なる世界において、アタナシウスは恒例の復活祭書簡の中に、詳細な指導を書き込んだのである。それは彼の二百年近く前の先輩が素描した指針を拡張し補完するものであった。曰く、まず第一に異端者は——

いわゆる外典と呼ばれるものを整備し、これを神の霊感を受けた聖典に混ぜ込もうとしている。……その聖典は、御言葉の証人であり助力者であった人々がわれらの父祖に託したものである。聖なる書物と信じられている、正典として伝えられてきた文書を整理するのは……よい考えであると思う。[94]

そして「旧約聖書と信じられている」二十二の書物を目録にした後、アタナシウスは現在知られている最古の「新約聖書」の目録を挙げる。これは全二十七冊から成り、「四書から成る福音書、マタイ、マルコ、ルカ、ヨハネ」に始まって、次に使徒たちに帰されている今日の新約聖書を構成するものと同じ文書の目録が続く。これらを「救済の源泉」として讃えつつ、彼は言う、キリスト教徒はこの四旬節の期間に「教会からあらゆる穢れを取り除き」、「外典の書」を拒絶せよ、と。これらの書物は「神話に満ち満ち、空虚で、穢れている」――争議を煽り、人々を迷わせる書物である、と。そしてどうやら、ナグ・ハマディ近郊の町の修道院で、この書簡が朗読されるのを聞いたひとりもしくはそれ以上の修道僧が、このアタナシウスの命令に反抗することを決意し、修道院の書庫から五十冊以上の書物を持ち出し、保管用の壺に隠し、崖の傍に埋めたのであった――千六百年後、ムハンマド・アリによって発見されれる日まで。

アタナシウスは、今やニカイア信経の中に安置されている「真理の規範」を、聖典を「正統に」解釈するための安全装置としようとしたが、彼は自分自身の実体験からして、彼の考えに反対する「異端者」どもはそれでも尚「正典」を「非正統的」に読む可能性がある、と考えた。こういう読み方を防ぐために、彼は聖典を読む者は誰であれ、ディアノイア――それぞれのテキストに内在する意味と意図を見分ける能力――を通じて読まねばならない、と主張したのである。とりわけ、忌避すべきはエピノイアである。[95] 他の人々が霊的直観として重視するエピノイアを、アタナシウスは欺瞞に満ちた、あまりにも人間的な能力であり、偏見に従って主観的に思考するためのものである、と断ずる。エピノイアは必ず誤りに行き着く――「カトリック教会」が認証し、今日に至るまで保持している見方である。

最後に、創造の際に私たちの中に形成された「神の似姿」を通じて神に直接接近しようとする者が出ないように、アタナシウスはこの道もしっかりと封じている。彼の有名な、そして修辞的な力に溢れた『言葉の受肉について』に曰く、神は元来自らの似姿に基づいてアダムを創ったが、人間の罪はその似姿を人間の力では回復不可能なまでに損なってしまったのである（後にアウグスティヌスはこれを発展させて「原罪」の理解に至る）。その結果、現在では神の似姿を体現するのはただひとり、すなわち〈神の言葉〉そのものであるイエス・キリストしかいない。

> 神の似姿に創られた人間が消滅したというのに……元来の人間が神の似姿に創られていたからと言って、それが何になろう。……［イエス・キリスト］、すなわち〈父の似姿〉である方以外に、人間のために神の似姿を再創造できる方は誰もいないのだ。(96)

アリウスがキリストをまねぶように促したのに対して、アタナシウスはそんなことは困難であるばかりではなく不可能であり、むしろ冒瀆であると宣言する。その代わり、と彼は言う、「人間を聖なるものとするために、神は人間になられたのだ」。人間にできること――為すべきこと――は、ただ神のみが与えることのできる救済を信じ、受けることだけである。アタナシウスは、エイレナイオスの教えをさらに推し進める――神への道を求める者は、まず初めに〈言葉〉に頼らねばならない。信者はまず洗礼を通じて、信経の中に含まれた正統信仰を告白することによって、そして秘蹟――正統キリスト教徒が教会で祈るとき、どこでも授けられる「不死の妙薬」――を受けることによって、それに近づくことができるのである。

迫害時代においてすら、キリスト教徒はローマ帝国の至る所で増殖していた。三世紀や四世紀初頭には、改宗者の数を二倍、三倍と増やし、自前の教会を建てる宗派まであった。(97) 多くの者は、疑いなく、コンスタンティヌスの改宗に続く奇蹟のような出来事を見て、キリスト教信仰が真実であることを確信した。ゆえに、三一三年以後、さらに多くの者が教会に群がったことも、決して不思議ではない。その中には、今や皇帝の教会となったものに入会することによる特権をあてにした者たちもいれば、間違いなく、以前からキリスト教に惹かれてはいたものの、自分や家族に危険が及ぶのを恐れて洗礼を躊躇していた者たちもいる。こうした改宗者が望んだものとは、神による救済や後の世での永遠の生命だけでなく、この世において、キリストの教えに——もしくは、少なくとも、その改変版に——従って生きる「特定のキリスト教社会」に参入すること、それ自体でもあったのである。多くの人が、かつてはローマの秩序に対する過激な反抗と見做されたものの中に、変容した人間関係のヴィジョンを見出した。今やそれは家庭や教会のみならず、人間社会全体に約束されているのだ。

ここに描写した四世紀当時の有り様は、過去の歴史家たちがしばしば提唱してきた単純な見方を追認するものではない——すなわち、カトリック教会が勝利を収めたのは単にそれが皇帝の後援を受けたからであるとか、人々がキリスト教に改宗したのは指導者が強制したからだ、といった見方である。[98] 何人かの歴史家の説得力ある論述によれば、コンスタンティヌスが自らキリスト教会に加入しようと決めたことは、それが安全なものとされるよりも遙か以前から、キリスト教運動には膨大な数の改宗者を集めるだけの強い訴求力があったことを示しているという。[99] 同様にまた、ここでの描写は、コンスタンティヌスは単にシニカルな目的のためにキリスト教を利用したのだという見方を是認するものでもない。彼の真の動機は不明である。だがその行動を見る限り、彼は実際にキリストを万能の守護神と見做し、永遠の命を約束してくれるものと信じていたと思われるのだ。そしてそれ以後の三十年に及ぶ彼の治世の間に、彼は自らが現実的であると判断する範囲まで、聖書の倫理観を法制化した――最も貧しい者たちにまで関心を抱く神的正義の上に築かれた、調和ある社会のヴィジョンを。

コンスタンティヌスの改革は、神の恩寵を通じて勝利を得た教会だけが救済を提供しうるのだというカトリック司祭たちの主張に手を貸しはしたが、それによって実際にキリスト教は統合され同質化されたと考えるのはナイーヴにすぎるだろう。四世紀と五世紀の論争や異論を一瞥するだけでも、それは違うということが判る。[100] この改革が成し遂げたのは、自らカトリックと任ずる司教の権威を拡大し、信経の中に宣言された彼らのコンセンサスを、新たに合法化された信仰の境界を定めるものとして確立したことである。今日に至るまで、「あなたはキリスト教徒ですか」という質問をする人は、その後に次のような定義を続けるものだ。「あなたはイエス・キリストを神の子と信じますか。イエス・キリストはあなたを罪から救うために天から降りて来たと信じますか」。

迫害の最中にエイレナイオスらが作り始め、その後、コンスタンティヌスの改宗の後にアタナシウスらが確立しようとした正典、信経、聖職者の階級は、今や非常な訴求力を獲得した。「普遍的」教会は、改宗したくてもできなかった人々を堂々と集めることができるようになった。もはやキリスト教は、それが確かな真理を保持し、永遠の救いを与えるものであるというお題目のみならず、社会的にも受け入れられ、政治的な優位性まで獲得するに至ったのだ。さらにその上、この二千年の間に、キリスト教正統教義の構造は非常な耐久力と適応力に富むものであることが証明された。今日においてもなお、それは世界の至る所で新しい形を発展させている。アフリカで、南北アメリカで、韓国で、そして中国で。

だがキリスト教の起源を研究する学者たちは、私たちが探検している風景には今、予想もしていなかった光景が切り開かれたと考えている。ナグ・ハマディの発見、死海文書のような資料、それに今日の多くの学者の研究は、単に私たちの知るキリスト教というもののみならず、その境界の彼方にあるとかつて私たちが定義していた膨大な光景までも、新たに切り開こうとしているのである。

＊

ここに素描した出来事は、私たちの文化史の理解に影響を及ぼす。だがちょうど私のように、この歴史に自分自身が連座していると感じる者にとっては、その複雑な連鎖の多少なりとも解きほぐすことは知的な意味だけではなく現実的な意味も持っているのだ。私自身の場合、キリスト教の起源に関する研究において最も困難で——かつ最も楽しかったのは——私が既に知っていると思い込んでいることを念頭から追い払い、当然と思い込んでいる前提を捨て去ることであった。

この研究は宗教伝統に対する新しい関わり方を提供してくれる。神についての正統教義は——ユダヤ教であれ、キリスト教であれ、イスラム教であれ——神と人間の分離を強調する傾向がある。宗教学者ルドルフ・オットーの言う「完全なる他者」である。このような見方を受け入れる人はしばしば、神の啓示は人間の知覚の正反対であると考えるゆえに、神秘主義的傾向のあるユダヤ教徒やキリスト教徒が常に為してきたことを禁じてしまう——すなわち、啓示として体験される霊的真理、直観や瞑想、創造的イマジネーションなどから来る真理を識別しようとすることである。こういう体験を否定するキリスト教指導者は、神によって不変の伝統の守護者を任じられており、その「信仰心」はいにしえの証人から受け取ったものだけを何も足さず何も引かずに後世に伝えることにある、と説く。そして教会指導者は、彼らに与えられたこの役割は適切な謙遜を示すものと信じているが、また聖なる真理の守護者という役割には、神自身の権威が与えられていると考える者もいる。

だが言うまでもなく、このような指導者も、想像力を完全に禁じることはできない――またそんなことを考えてもいない。だが彼らは、ほとんどのキリスト教徒の宗教的想像力を、彼らが既に教えたものを表現し――支持する方向に向かうようにしむけている。二千年に及ぶキリスト教音楽、絵画、建築、詩、哲学、神学の遺産は、言うまでもなく極めて豊かなものであり、キリスト教の伝統のない私たちの文化など想像もできない。

だが、エイレナイオスの言うようにキリスト教とは「確かな真理」を含む「極めて完璧な教義の体系」を提供していると考える人々は、多様な観点を容認したり――ましてや歓迎したりすることは困難である。にもかかわらず、それは実に豊富に存在するのだ。たとえばローマ・カトリック内部の人は、その中に教義から戒律に至るさまざまな点で異なる意見を持つ人々がいることを知っている。そして同じことはほとんどのキリスト教宗派に当てはまる。だがキリスト教徒は、しばしばエイレナイオス流の論争観を持っているので、真理を語ることのできるのは一方の側だけであり、他の側は偽りか――もしくは邪悪であると考えている。そして今なお多くの人が、自分の教会だけが――ローマ・カトリックであろうとバプテスト派であろうと、ルター派であろうとギリシア正教であろうと、ペンテコステ派であろうと長老派であろうと、エホバの証人であろうとクリスチャン・サイエンスであろうと――あるいは、その教会の中でも自分の容認できるグループだけが、イエスの教えに忠実なのであると考えている。さらに、キリスト教の伝統によればイエスは二千年前に余すところ無く神を啓示したとされているから、その伝統の改革者は、アッシジのフランチェスコからマルティン・ルターまで、ジョージ・フォックスとジョン・ウェズリーから現代のフェミニスト神学や解放の神学に至るまで、自分たちのやっていることは何も新しいことを導入しているのではない、ただイエスの本当に意図していたことを明らかにしているだけなのだ、と主張することで、その革新性を誤魔化して来た──時には、自分自身に対しても。

二世紀のエイレナイオスにとってはヴァレンティノス派を「異端」として排斥することは必要不可欠に思えたのだったが、それによって後に残った教会は貧しくなったし、彼に排斥された人々もまた貧しくなった。キリスト教会内部の元来の居場所から追い立てられ、「異端」の烙印を押された人々は、しばしば孤独に放浪することを余儀なくされた──彼らの従事していた霊的探求は、ユダヤ教やキリスト教の中に、その共同体の源のみならず、霊感の源も見出していたというのに。

だがこれらの人々の探求していたものは、異なる「教義の体系」であるというよりも、経験において確認しうる神性の洞察もしくは暗示だったのだ──光のエピノイアに由来する暗示と呼んでもいいだろう。孤独の内にそうした道を追求した者もいれば、さまざまな崇拝、祈り、行動に参加した者もいる。こういう過程に従事するのに必要なのは、言うまでもなく、信仰である。信仰に当たるギリシア語の単語は、しばしば単に信条とも訳される。信仰はしばしば信条を含んでいるが、それ以上のものでもある──それは希望や愛に我が身を委ねることを可能にする信頼なのである。[101] 既に見たように、テルトゥリアヌスは自らを信仰者ではなく探求者であると見做す者たちを嘲弄した。「彼らが二言目には──それも、心の底から──言いたがる言葉は、『これはそうではない』『私の解釈は違う』『私はそうは思わない』なのである」[102]。このような弁別は愚昧もしくは傲慢と彼は考えたのだが、伝統や勤行のどの部分を採り入れ、どの部分を拒絶するかを選択するのは、何も「異端者」だけではない。社会学者ピーター・バーガー曰く、今日においてこのような伝統に属している人は誰もが、伝統の諸要素の中から選択を行なっているのである。というのも、ユダヤ教をはじめとするいにしえの伝統と同様、キリスト教もまた何千年もの時を生き延びてきたのであり、そしてそれぞれの世代が、受け継いだものを再現し、作り直し、改革し続けてきたのだから[103]。

この選択という行為——異端 heresy という語のもともとの意味——は、私たちをあの問題に立ち返らせる。それを解決するために正統教義というものが作り出された、あの問題だ——如何にして真理と虚偽とを見分けることができるか。何が本物であり、私たちをリアリティに結びつけてくれるものであり、そして何が浅薄で利己的で邪悪なものなのか。神の真理の名において行なわれてきた愚行、感傷、欺瞞、殺人を見てきた人は、古代人が霊の識別と呼んだ問題に容易な答えがないことを理解しているだろう。正統教義は、このような識別を行なう私たちの能力を疑う傾向があり、私たちの代わりにそれを行なってやると主張する。だが人間には自己欺瞞という能力が与えられていることを鑑みれば、ある程度までは、教会に感謝することもできよう。私たちの多くは、困難な修行など忌避して、ただ伝統の教えるところのものを喜んで受け入れたがるものだ。

だが、簡単な答えなど得られないという事実は、その問題を避けてもよいということを意味するわけではない。私たちは、宗教的権威を疑問なく受け入れることによって引き起こされた危険を——あるいは恐るべき害悪をさんざん見せられてきた。私たちのほとんどは、遅かれ早かれ、人生の重大な局面において、誰もいないところに自ら道を切り開かねばならないということに気がつく。私が、私たちの宗教伝統の豊かさと多様性の内に——そしてそれを支える共同体の内に——愛するようになったものとは、そこに数え切れない人々の霊的覚醒の証言があるということだ。だからそれは、イエスの言葉を借りれば、「求め、見出さん」(104)と努力する人々を力づけるのである。

謝辞

本書のほとんどは基本的に学術文献として出版された資料（各章の註に詳述した）に基づいており、それを一般向けに書き改めたものである。七年に及ぶ調査、執筆、そして改訂作業の間に、多数の同僚や友人に意見を求め、多くのことを学ばせていただいた。まず第一に、わざわざ時間を割いてこの原稿に目を通し、修正意見や批判をいただいた方々に多大な感謝を捧げる。特に、グレン・バワーソック、カレン・キング、ヘルムート・ケスター、アレキサンダー・ネハマスの各氏に。また、作業中にいただいたコメントや批評によって、各章の内容を拡充するのを助けていただいた方々、特にダニエル・ボヤリン、イスモ・ダンダーバーグ、トーマス・キーティング神父、シャイヤ・アイセンバーグ、スティーヴン・ミッチェル、エイプリル・デ・コニック、ビルガー・ピアソン、ルイ・パンショー、ジョン・ターナー、そして第二章の資料についてコメントをくれたロバート・マクラウド・ウィルソン、第三章から五章までの部分を最初に発表したプリンストン大学デイヴィス・セミナーの方々、特に二〇〇一年から二〇〇二年までこのセミナーを主宰しておられたアンソニー・グラフトン、及びその参加者であるピーター・ブラウン、ヴァージニア・ブルス、スザンナ・エルム、レベッカ・ライマン、レイモンド・ファン・ダム、ハリー・アトリッジ、ポーラ・フレドリクセン、マイケル・ストーン、アネット・リードに。また、同僚であるジョン・ゲイガー、マーサ・ヒンメルファーブ、ピーター・シェイファーには、啓発的な会話、及び内容のチェックの点で特にお世話になった。それと、初期の草稿に有益な助言をいただいたアラン・ル・ブレ教授のおかげで、必要な修正が可能になった。プリンストン大学宗教学部の面々は、学部の管理をしていただいているロレーヌ・ファーマン、パット・ボグジェヴィチ、ケリー・スミスの親切かつ貴重なお力添えがなければ如何なる仕事も成し遂げられないだろう。また、マーガレット・アプルビーには、その知的かつ機知に富む研究調査、及び熟練したコンピュータ操作に特別の感謝を捧げる。

本書の準備と執筆は、私がプリンストン大学高等学問研究所の歴史学研究部の客員であった当時、すなわち二〇〇一年から二〇〇二年にかけてのサバティカルの期間に行なわれた。この研究部の教授団に、そして過去二年間に部を統轄していたジャイルズ・コンスタブルとグレン・バワーソックに深甚なる感謝を捧げる。その寛大なる歓待に、そして私にも他の多くの人々にもあの研究所の閑静かつ平等な環境を提供して下さったことに。フォード基金からの助成金のおかげで、私はサバティカルの一年間を同研究所で過ごすことができた。これに関しては特に、シニア・プログラム・オフィサーのコンスタンス・ブキャナンに感謝を捧げたい。彼女のヴィジョンと激励、そしてサポートは、私の同僚たちの間に知らぬ者はなく、また彼女を愛さぬ者はない。

本書の完成に必要不可欠であった人々がいる。ジェイソン・エプスタインと仕事ができたことには深く感謝している。彼の編集者としての並々ならぬ才能はよく知られている。何年にもわたって、私たちの共同作業と友情、たくさんの会話、異論、素晴らしい昼食や夕食は、私にとって執筆の必要不可欠かつ楽しい要素であった。長年の友人であるジョン・ブロックマンとカティンカ・マトソンはこの計画に献身的に尽くしてくれた。執筆当時ランダムハウスの社長で編集長だったアン・ゴドフのリーダーシップと情熱的なサポートに、リン・ネズビットの寛大な精神と、出版に関する理解と知識に。その後、親切にも本書の編集を引き継いでくれ、その素晴らしい洞察と親切な励ましを注いでくれたケイト・メディナに。ウィル・マーフィの素晴らしい提案とその他の助力に。メレディス・ブラムとジェシカ・カーシュナーの、出版に際しての細かいお世話に。ベンジャミン・ドレイヤーの、注意深くかつ優れた入稿整理に。表紙のファイユームのコプト美術の絵を見つけてくれたキャサリン・コーニーに。ハーヴァード大学ノーブル・レクチャーズに招いて下さったピーター・ゴメス師には特別の感謝を。同僚のドロシー・オースティン師と共に、極めて寛大な歓待をしていただき、有用な批評をいただいた。また他の方々、特にクリスター・スタンダールとポーラ・フレドリクセンの批評は、間違いなく本書の質の向上に役立った。

最も個人的に感謝しているのは、夫のケント・グリーナウォルトである。執筆中の原稿に目を通してくれ、その鋭い理解と親切な励ましが執筆に多大な貢献をしてくれた。そして私にとって大いなる喜びである私の家族、サラ、デイヴ、ロバート、カーラ、サーシャ、クレア、アンドレイに。

最後になったが、出版前の原稿を読むことを許可してくれた同僚たちに感謝する。特にカレン・キングの重要な近刊 *What Is Gnosticism?* 及び彼女の注釈付きの新版『マグダラのマリアによる福音書』、バート・エーマンの近刊書 *Lost Christianities* とそこに示された資料とその意味の鋭い分析、マーヴィン・メイヤーの新刊 *Secret Gospels*、そしてダニエル・ボヤリンの執筆中の書物。彼の最新の原稿や既刊書に関する話に感銘を受けた私は、二〇〇四年にペンシルヴァニア大学出版局より刊行予定の *Border Lines: The Idea of Orthodoxy and the Partitioning of Judeo Christianity* を読ませていただいたものの、時既に遅く、本書に活かせなかったことが悔やまれる。

原註

第1章

（1）『コリントの信徒への手紙一』15:3-4

（2）アドルフ・フォン・ハルナックは、このような宣言の起源をこう再現している。*History of Dogma*, vol.I, 5-6, および II, 1-2 を参照（原題 *Dogmengeschichte*, Neil Buchanan による一九〇〇年版の英訳〔New York, 1961〕の vol.I, 267-313, および II, 1-29）

（3）Irenaeus, *Libros Quinque Adversus Haereses* 2.32.4, ed. W.W.Harvey (Cambridge, 1851) 以下AHと略称。

（4）Tertullian, *Apology* 39.

（5）Rodney Stark, *The Rise of Christianity: A Sociologist Reconsiders History* (Princeton, 1996), 特に 73-94.

（6）ガレノスによるプラトンの（散逸した）『国家論』要約より。アラビア語版より重訳を所収、R. Walzer, *Galen on Jews and Christians* (London, 1949), 15.

（7）『マルコによる福音書』12:29-31。また、『申命記』6:4 を参照。

（8）Stark, *Rise of Christianity*, 86-87.

（9）『マタイによる福音書』25:35-39

（10）Tertullian, *Apology* 39.

（11）Ibid.

（12）『ローマの信徒への手紙』6:3-14。

（13）Tertullian, *Apology* 3.

(14) Ibid., 2; タキトゥスの見方については、『年代記』第15章44節2—8節を参照。

(15) *Passio Sanctarum Perpetuae et Felicitatis* 3.1-2

(16) Ibid., 3.3.

(17) Ibid., 5.2-4

(18) Ibid., 5:5

(19) Ibid., 6:5

(20) Ibid., 18.2

(21) Justin, I *Apology* 61

(22) Ibid., 14.

(23) ユスティニアヌスの言葉が一般的な習慣を述べたものと考えることが出来るならば。学者はしばしば、ユスティニアヌスはローマのキリスト教徒——実際にはローマのキリスト教徒全体——の習慣を述べたと仮定してきたが、より最近の研究はこの仮定に変更を迫っている。たとえば George La Piana, "The Roman Church at the End of the Second Century," *Harvard Theological Review* 17 (1925), 214-277; を参照後、A. Hamman, "Valeur et signification des renseignements liturgiques de Justin," *Studia Patristica* 13 (1975), 264-274; また *The Search for the Origins of Christian Worship: Sources and Methods for the Study of Early Liturgy* (Cambridge, 1992), 111-113 にある Paul F. Bradshaw の鋭敏かつ注意深い所見を参照。

(24) *Search for the Origins* における、Bradshaw による証拠と問題点の概観を参照。

(25) ここで私は、ジョナサン・ドレイパーによる年代決定に従った。たとえば J. Draper, ed., *The Didache in Modern Research* (Leiden, New York, and Cologne, 1996), 340-363 所収の彼の論文 "Torah and Troublesome Apostles in the *Didache* Community" などを参照。

(26) Didache 1.2.

(27) Ibid., 1.3-5.

(28) Ibid., 2.2; 4.8.『ディダケー』が『マタイ』を前提としているという見方は、Helmut Koester, *Synoptische Uberlieferung bei den apostolischen Vater* (Berlin, 1957), 159-241; Bentley Layton, "The Soures, Dating, and

Transmission of the Didache 1:3b-2:4," *Harvard Theological Review* 61 (1968), 343-383. を参照。クリストファー・タケットによれば、『マタイ』及び『ルカ』との類似点は、『ディダケー』が「既に出来上がっていた『マタイ』及び『ルカ』」を前提としていると仮定するのが妥当である（"Synoptic Tradition in *Didache*," in Draper, *Didache in Modern Research*, 92-128）。だが私は、ドレイパーが提示している見方に興味を覚えている。たとえば同書223-243 所収の "Christian Self-Definition Against the 'Hypocrites' in *Didache* VIII," "The Jesus Tradition in the *Didache*," in D.Wenham, ed., *Gospel Perspectives V: The Jesus Tradition outside the Gospels* (Sheffield, 1985), 269-289.

（29） この場合、「全ての聖なる律法に従う」ことの中に割礼も含まれるのかどうかは不明である。だが、偶像崇拝の放棄は完全に含まれるし、おそらく何らかのコシェル（食に関する規定の遵守）も含まれていただろう。ここでの私の解釈は、ドレイパーの "Torah and Troublesome Apostles," 352-359 に従った。

（30） Draper, "Social Ambiguity and the Production of Text: Prophets, Teacher, Bishops, and Decons in the Development of the Jesus Tradition in the Community of the *Didache*," in C. N. Jefford, ed., *The Didache in Context: Essays on Its Text, History, and Transmission* (Leiden, 1995), 284-313 も参照せよ。

（31） Didache 9:4. ディダケーにおける洗礼と聖餐に関する記述については、多くの議論が為されてきた。その概観を得るには、Bradshaw, *Search for the Origins*, 80-82, 132-136; Willy Rordorf, "The Didache," in *The Eucharist of the Early Christians* (New York, 1978), 1-23; John W. Riggs, "From Gracious Table to Sacramental Elements: The Tradition History of Didache 9 and 10," *Second Century* 4 (1984), 83-101; Johannes Betz, "The Eucharist in the *Didache*," in Draper, *Didache in Modern Research*, 233-275 等を参照。

（32） Didache 10:6; また、Enrico Mazza, "Elements of a Eucharistic Interpretation," in Draper, *Didache in Modern Research*, 276-299 も参照せよ。

（33） 『マルコによる福音書』14:22-24.『マタイによる福音書』26:26-29;『ルカによる福音書』22:7-13;『コリントの信徒への手紙一』11:23-25 と比較せよ。

（34） Tertullian, Apology 7.

（35） Ibid., 8.

（36） ある現代の人類学者によれば、パウロとその信者たちがこの儀式を採用したのは、伝統的なユダヤ教徒を退け、自らユダヤ教コミュニティから孤立するためであったという。

（37） Justin, I *Apology* 66. 同様のものが、「死海文書」の一部にも登場する。たとえば、Otto Betz,"Early Christian Cult in the Light of Qumran," *Religious Studies Bulletin* 2:2 (April 1982), 73-85 を参照。

（38） Justin, I *Apology* 54. 多くの学者が、密儀宗教における儀式とキリスト教の聖体拝領の間に類似点を見出している。たとえば、E. Lohse, *The New Testament Environment* (London, 1976)、より最近では、A.J.M. Wedderburn, "The Soteriology of the Mysteries and Pauline Baptismal Theology," *Novum Testamentum* 19:1 (1982) 53-72, および "Hellenistic Christian Traditions in Romans 6?" in *New Testament Studies* 29 (1983), 337-355 を参照。

（39） 『コリントの信徒への手紙一』1:23. ギリシア語は skandalon。

（40） 後者に関しては、N.T. Wright, *Jesus and the Victory of God* (Minneapolis, 1992) に負うている。

（41） 『ルカによる福音書』24:21.

（42） 『マルコによる福音書』8:31. マルコの用いているギリシア語 dei は、通常は「それは必要である」と訳される。

（43） 『マルコによる福音書』14:22.「聖餐制定の御言葉」の研究に関しては、註（50）の文献を参照。

（44） 『マルコによる福音書』14:24. 犠牲のイメージに関しては、Edward J.Kilmartin, S.J., "Sacrificium Laudis: Content and Function of Early Eucharistic Prayers," *Theological Studies* 35:2 (June 1974), 268-286 を参照。

（45） 『マタイによる福音書』26:27-28.

（46） 『出エジプト記』24:8.

（47） モーセの契約に関するマルコの言及に関しては、Reginald Fuller, "The Double Origin of the Eucharist," in *Biblical Research: Papers of the Chicago Society of Biblical Research VIII* (Chicago, 1963), 60-72 を参照。また、Joachim Jeremias, *Die Abendsmahlworte Jesu* (Gottingen, 1949), translated as *The Eucharistic Words of Jesus* (London and New York, 1966) も参照。

（48） 『エレミア書』31:31-34.

（49） パウロによる御言葉の解釈に関しては、たとえば Eduard Schweitzer, *The Lord's Supper According to the New Testament* (Philadelphia, 1967) などを参照。また、Paul Newenzeit, *Das Herrenmahl: Studien zur paulinischen*

Eucharistieauffassung (Munich, 1960) も参照。

(50) 論文の概要、および参考文献に関しては、Bradshaw, *Serach for the Origins*, 48-51 を参照。犠牲に関しては、たとえば Robert Daly, *The Origins of the Christian Doctrine of Sacrifice* (London and New York, 1986) および Rowan Willams, *Eucharistic Sacrifice: The Roots of a Metaphor* (Bramcote, Notts, 1982) を参照。

(51) Justin, I *Apology* 67. だが、たとえば註（23）の文献などを参照。そこには、ユスティノスはどの問題を――あるいは、どの程度まで――現実の行為と書き記しているか、そしてもしそうなら、彼がどのように考えていたかという問題が示されている。

(52) 『コリントの信徒への手紙一』5:7.

(53) 『マルコによる福音書』14:12-16.

(54) 『ルカによる福音書』22:15.

(55) 『ルカによる福音書』22:19b.『コリントの信徒への手紙一』11:24-25.

(56) 『ヨハネによる福音書』13:1.

(57) 『ヨハネによる福音書』19:14.

(58) 受難物語に関するヨハネの見方に関する論文一般について、および特に彼独自の年代認識については、Raymond E. Brown, S.J., *The Death of the Messiah: from Gethsemane to the Grave* (New York, London, Tronto, Sydney, and Auckland, 1993) を参照。

(59) 『ヨハネによる福音書』19:34.

(60) ヨハネは「最後の晩餐」に関しては何も語っていないが、『ヨハネによる福音書』には、イエスが弟子たちに「［彼の］肉」を食い、「［彼の］血」を飲むことを促した、との記述がある（6:35-58）。

(61) 『出エジプト記』12:46. 改訂標準訳では、この部分は犠牲の動物ではなくイエスに当てはまるように受け取れる訳が為されている。「また、彼の骨を折ってはならない」。

(62) 『ヨハネによる福音書』19:36.

(63) 『ヨハネによる福音書』6:35-60.

(64) 『コリントの信徒への手紙一』11:26.

(65)『ペトロの黙示録』81:10-11. 後にコンスタンティヌスが採用する印は、しばしば十字と見做されるが、実際にはキリストという称号の最初の二文字である。
(66) この論文及び参考文献に関しては、本書の第四章を参照。
(67) ユダヤ文献の権威であるゲルショム・ショーレム曰く、「神話は儀式の筋書きである」(*On the Kabbalah and Its Symbolism* [New York, 1969], 132-133)。福音書は実話に基づくとされているので、これに神話という用語を用いることに反対する人もいるだろうが、福音書の語るイエスの物語は、仮に神話ではないとしても、何らかの意味を伝えることを意図した物語である。
(68) キリスト教史における私の最初の、そしてかけがえのない師であるヘルムート・ケスター教授は、幅広い論文において、初期の福音書の記事が典礼と関わっていたことを示している。たとえば、近年の論文 "The Memory of Jesus' Death and the Worship of the Risen Lord," *Harvard Theological Review* 91:1 (1998), 335-350 を参照。
(69) ギリシア語の単語 koinonia は、「親交」「参加」と訳すことができる。たとえば『コリントの信徒への手紙一』10:16 の次の一節。「私たちが神を賛美する賛美の杯は、キリストの血にあずかること (koinonia) ではないか。私たちが裂くパンは、キリストの体にあずかること (koinonia) ではないか」。
(70)『コリントの信徒への手紙一』10:17.『ガラテアの信徒への手紙』3:28.『コリントの信徒への手紙一』10:3-4.
(71) Justin, I *Apology* 61. また、65-66 も参照。
(72) この論文に関しては、拙著『グノーシス諸福音書』(邦訳『ナグ・ハマディ写本』)。を参照。より進んだ研究としては、残念ながら本書執筆中には参照できなかった以下の諸文献を参照。Bart Ehrman, *Lost Christianities* (New York, 2003); Marvin Meyer, *Secret Gospels* (San Francisco, 2003); Richard Valantasis, *The Gospel of Thomas* (London, New York, 1997).
(73) 現代の多くの学者の仕事は、キリスト教の起源に関するかつての単純な記述を変えつつある。近年出版された注目すべき研究としては、たとえば Daniel Boyarin, *Border Lines: The Idea of Orthodoxy and the Partitioning of Judeo-Christianity* (Pennsylvania, 2004); Bart Ehrman, *Lost Christianities* (New York and London, 2003); Karen King, *What Is Gnosticism?* (Cambridge, 2003); Marvin Myer, *Secret Gospels* (California, 2003) 等を参照。これらの書物を原

稿の段階で読むことを許可してくれた同僚たちに感謝する。

第2章

本章は、より専門的な論文である Elaine Pagels, "Exegesis of Genesis 1 in the Gospels of Thomas and John," *Journal of Biblical Literature* 118 (1999), 477-496 の要約である。

（1）『ヨハネによる福音書』15:12, 17.

（2）『ヨハネによる福音書』3:18.

（3）『ヨハネによる福音書』8:44.『ヨハネによる福音書』及びその他が「ユダヤ人」をどのように描写しているかについては、エレーヌ・ペイゲルス『悪魔の起源』（邦訳：青土社）を参照。

（4）ナグ・ハマディ文書の発見史については、James M. Robinson, "The Discovery of the Nag Hammadi Codices," *Biblical Archaeologist* 42 (1979), 206-224 を参照。

（5）Irenaeus, AH 1, *Praefatio*.

（6）『トマスによる福音書』70,「ナグ・ハマディ・ライブラリ」（以下ＮＨＬ）126.

（7）Michael Williams, *Rethinking Gnosticism: An Argument for Dismantling a Dubious Category* (Princeton, 1996) を参照。最新のものとしては、Karen King の大作 *What Is Gnosticism?* (Cambridge, 2003) がある。また、I. M. White 及び O. L. Yarbrough 編纂による *The Social World of the Early Christians: Essays in Honor of Wayne A. Meeks* (Minneapolis, 1995), 334-350 所収の Bentley Layton, "Prolegomena to the Study of Ancient Gnosticism" も参照。Risto Uro 編纂による驚くべきアンソロジー、*Thomas at the Crossroads: Essays on the Gospel of Thomas* (Edinburgh, 1998) 107-139 所収の Antri Marjanen, "Is Thomas a Gnostic Gospel?" も参照。James Robinson は、ナグ・ハマディで発見された全ての文書の英訳を収録した一巻本 *The Nag Hammadi Library in English* (San Francisco, 1977) を編纂している。Bentley Layton は後に、もうひとつの英訳本 *The Gnostic Scriptures* (New York, 1987) を出版した。だが、英語で読める最も完全な版は、オランダの Brill Press による二十巻を超える The Nag Hammadi Series で

ある。ここには、コプト語原文、英語による解説、翻訳、註が収められている。

（8）たとえば、Steven Davies, *The Gospel of Thomas and Wisdom Tradition* (New York, 1963)、Stephen J. Patterson, *The Gospel of Thomas and Jesus* (Sonoma, Calif., 1993)、Gregory J. Riley, *Resurrection Reconsidered: Thomas and John in Controversy* (Minneapolis, 1995)、April De Conick, *Seek to See Him: Ascent and Vision Mysticism in the "Gospel of Thomas"* (Leiden, New York, and Cologne, 1996) を参照。また、J. D. Turner 及び A. McGuire 編纂による *The Nag Hammadi Library After Fifty Years* (Leiden, New York, and Cologne, 1997), 381-400 に所収の彼女の魅力的なエッセイ "'Blessed are those who have not seen' (John 20:29): Johannine Dramatization of an Early Christian Discourse" も参照。

（9）『ヨハネによる福音書』20:31. また、Turner and McGuire, *Nag Hammadi Library After Fifty Years*, 295-397 所収 Paul-Hubert Poirer, "The Writings Ascribed to Thomas and the Thomas Tradition" も参照。

（10）これに関しては、第四章を参照。この問題に関する論文としては、Maurice F. Wiles, *The Spiritual Gospel: The Interpretation of the Fourth Gospel in the Early Church* (Cambridge, 1960)、T. E. Pollard, *Johannine Christology and the Early Church* (Cambridge, 1970)、C. H. Dodd, *Interpretation of the Fourth Gospel* (Cambridge, 1953) 及び E. Pagels, *The Johannine Gospel in Gnostic Exegesis* (Nashville, 1973)。

（11）『マルコによる福音書』11:15-16.

（12）『マルコによる福音書』11:18.

（13）『ヨハネによる福音書』2:15.

（14）『ヨハネによる福音書』12:10.

（15）『ヨハネによる福音書』11:48.

（16）Origen, *Commentary on Gospel of John* 10.4-6.

（17）『ヨハネによる福音書』10:33.

（18）『ヨハネによる福音書』20:28.

（19）Origen, *Commentary on Gospel of John* 1.6.

（20）「神の子」「メシア」という称号に関しては、Bart Ehrman, *The New Testament: A Historical Introduction to the*

Early Christian Writings (Oxford and New York, 2000), 60-84 を参照。さまざまなキリスト論に関しては、Birger A. Pearson 編 *The Future of Early Christianity: Essays in Honor of Helmut Koester* (Minneapolis, 1991), 422-441 所収の Pheme Perkins, "New Testament Christologies in Gnostic Transformation" を参照。

(21) 『ヨハネによる福音書』20:28.

(22) 『トマス』に伝えられた伝統、及びそれと共観福音書及び『ヨハネ』との関連について、専門的には、Helmut Koester, *Ancient Christian Gospels: Their History and Development* (London and Philadelphia, 1990)、特にその 75-127 を参照。

(23) 『トマス』伝承の論文の概観については、Poirier, "The Writings Ascribed to Thomas" を参照。

(24) Koester, *Ancient Christian Gospels*, 78-80。また、Turner and McGuire, *Nag Hammadi Library After Fifty Years*, 327-346 所収の Philip Sellew, "The Gospel of Thomas: Prospects for Future Research" を参照。また、同書 347-360 所収の Jean-Marie Sevrin, "L'Interprétation de l'évangile selon Thomas, entre tradition et rédaction" も参照。

(25) 『トマスによる福音書』1, NHL 118.

(26) 『創世記』1:3. 詳細は、*Journal of Biblical Literature* 111 (1992), 663-683 所収 Steven Davies, "Christology and Protology in the Gospel of John" を参照。

(27) 『ヨハネによる福音書』1:3.

(28) Koester, *Ancient Christian Gospels*, 86-128。また、Patterson, *Gospel of Thomas and Jesus* も参照。

(29) 『ヨハネによる福音書』1:9; phos ton anthropon というギリシア語のフレーズは、「人間の光」と訳すことができる。

(30) 『創世記』1:26-27. 本章のより詳細かつ専門的な論文は Pagels, "Exegesis of Genesis 1" を参照。

(31) エイレナイオスの造語と考えられる。AH 3.11.8.

(32) Ibid., 1.20.1.

(33) 『マルコによる福音書』8:27-29.

(34) 『マルコによる福音書』15:39.

(35) 『詩篇』2:7. このような件が『マタイ』や『ルカ』の物語を生み出した過程については、Raymond E.

Brown, S.J., *The Birth of the Messiah: A Commentary on the Infancy Narratives in Matthew and Luke*, 2nd ed. (New York, 1993) を参照。

(36) 『マルコによる福音書』1:1.

(37) たとえば『エゼキエル書』2:1、2:8、3:1、3:4、3:10、3:17、3:25 などを参照。

(38) 『ダニエル書』7:13.

(39) 『マルコによる福音書』14:61-62.

(40) ほとんどの学者は、『ルカ』と新約聖書の『使徒言行録』の著者は同一であると考えている。『使徒言行録』2:22-23, 32-36 を参照。

(41) 『ヨハネによる福音書』1:1.

(42) 『フィリピの信徒への手紙』2:7-8.

(43) 『コリントの信徒への手紙一』12:3.

(44) Ignatius, *Letter to the Romans* 6:3.

(45) Pliny, Letter 10.96.7. Ralph P. *Martin's fine monograph Carmen Christi* (London, 1967) における『フィリピの信徒への手紙二』のパウロ以前のキリスト教聖歌の項を参照。

(46) Koester, *Ancient Christian Gospels*, 80 ff. を参照。より最近のものとしては、*Thomas at the Crossroads*, 1-32 所収の Risto Uro による論述を参照。

(47) たとえば『マタイ』には、「招かれる人は多いが、選ばれる人は少ない」という有名な言葉がある (22:14)。『トマス』のイエスは、「私はあなた方を、千人から一人を、一万人から二人を、選ぶであろう」と言う（語録 23, NHL 121)。『ヨハネ』においても、イエスは神の主導を強調している。「あなたがたが私を選んだのではない。私があなたがたを選んだ」(15:16. また 13:18 も参照)。

(48) 『マタイによる福音書』16:17.

(49) 『トマスによる福音書』13, NHL I19.

(50) Ibid., 50, NHL 123.

(51) 『マルコによる福音書』1:1-4.

(52)『マルコによる福音書』1:15.
(53)『マルコによる福音書』9:1.
(54)『マルコによる福音書』13:2.
(55)『マルコによる福音書』13:8-19.
(56)『マルコによる福音書』13:24-26.
(57)『マルコによる福音書』13:30-33.
(58)『ヨハネによる福音書』5:25.
(59)『ヨハネによる福音書』11 :24.
(60)『トマスによる福音書』3, NHL 118.
(61)『マルコによる福音書』13:2-37.
(62)『トマスによる福音書』51, NHL 123.
(63) Ibid., 113, NHL 130.
(64)『ルカによる福音書』17:20-21.
(65) Marcus Borg, *Meeting Jesus Again for the First Time: The Historical Jesus and the Heart of Contemporary Faith* (San Francisco, 1994) 所収の Thomas Merton の言葉。
(66)『マグダラのマリアによる福音書』8:15-20. Harvard University Press より近刊予定の Karen King による新版を参照。
(67)『ルカによる福音書』21:34-36.
(68)『ヨハネによる福音書』1:1.
(69)『創世記』1:2.
(70)『創世記』1:3.
(71)『ヨハネによる福音書』1:9.
(72)『トマスによる福音書』18, NHL 120.
(73) Ibid., 77, NHL 126.

(74) Ibid., 2, NHL 118.
(75) Ibid., 3, NHL 118.
(76) Ibid., 70, NHL 126.
(77) Ibid., 6, NHL I18.
(78) 『マタイによる福音書』6:3-4.
(79) 『マタイによる福音書』6:17.
(80) 『マタイによる福音書』7:9-13.
(81) 『トマスによる福音書』6, NHL 118.
(82) Ibid., 91, NHL 128.
(83) Plotinus, *Ennead 5, Against the Gnostics.*
(84) 『トマスによる福音書』3, NHL 118.
(85) Ibid., 19, NHL 120.
(86) たとえば、『世のはじまりについて』(NHL 177) 108.7-9、Eugnostos 76.14-81.12, NHL 228-232、『ヨハネのアポクリュフォン』(NHL 113) II, 14.13-15.13、等を参照。より詳細な比較は、Frederick Wisse 及び Michael Waldstein 編纂、*The Apocryphon of John: A Synopsis of Nag Hammadi Codices II, 1; III, 1; and IV, I with BG 8502, 2* (Nag Hammadi and Manichaean Studies 33, Leiden, 1995), 82-89 を参照。
(87) Irenaeus, AH 1.30.1. 参考のために、Pagels, "Exegesis of Genesis 1," 202-205 を参照。専門的には、Hans-Martin Schenke, *Der Gott "Mensch" in der Gnosis: Ein raligionsgeschichtlicher Beitrag zur Diskussion über die paulinlsche Anschauung von der Kirche als Leib Christi* (Göttingen, 1962) を参照。Gilles Quispel, "Der Gnostiche Anthropos und die jüdische Tradition," *Eranos Jahrbuch* 22 (1953), 195-234, and "Ezekiel 1:26 in Jewish Mysticism and Gnosis," *Vigiliae Christianae* 34 (1980), 1-15 も素晴らしい論文である。
(88) 古典的論争については、Gershom Scholem, *Major Trends in Jewish Mysticism* (New York, 1965) を参照。また、Ithamar Gruenwald, *Apocalyptic and Merkavah Mysticism* (Leiden, 1980)、*From Apocalypticism to Gnosticism: Studies in Apocalypticism, Merkavah Mysticism and Gnosticism* (Frankfurt, Bern, New York, and Paris, 1988)、Moshe Idel,

Kabbalah: New Perspectives (New Haven, 1988)、Elliot Wolfson, *Through a Speculum That Shines: Vision and Imagination in Medieval Jewish Mysticism* (Princeton, 1994)、Peter Schäfer, *The Hidden and Manifest God: Some Major Themes in Early Jewish Mysticism* (Albany 1992) を参照。

(89) 『トマスによる福音書』50, NHL 123.

(90) Ibid., 24, NHL 121.

(91) Ibid., 84, NHL 127.

(92) Stephen Mitchell の洞察と翻訳に感謝する。この詩については、*Meetings with the Archangel* (New York, 1998), 137 を参照。

(93) 『トマスによる福音書』2, NHL 118.

(94) Ibid., 108, NHL 129.

(95) 『闘技者トマスの書』138.7-19, NHL 189.

(96) 『ヨハネによる福音書』11: 16. また、Riley, *Resurrection Reconsidered* を参照。

(97) 『ヨハネによる福音書』の結末に関しては、たとえば Raymond E. Brown, S.J., *The Gospel According to John: Introduction, Translation, and Notes* (Garden City, N.Y., 1966) を参照。

(98) 『ヨハネによる福音書』21:20-24。ほとんどの学者は、この章はオリジナルのテキストに対する付加であると考えている。たとえば *Gospel According to John* 第二十一章のブラウンによる論述を参照。

(99) 『マタイによる福音書』2:18.

(100) 『マタイによる福音書』16:17.

(101) この弟子は、たとえば『ヨハネによる福音書』13:23 に登場する。

(102) 『ヨハネによる福音書』13:24-25.

(103) 『ヨハネによる福音書』19:35.

(104) 『ヨハネによる福音書』20:3-8.

(105) 『ヨハネによる福音書』21:7.

(106) 『ヨハネによる福音書』21:17.

(107) これに関しては、近刊予定のカレン・キング編纂による『マリアによる福音書』を参照。また、*Fair Play: Diversity and Conflicts in Early Christianity: Essays in Honour of Heikki Räisänen* (Leiden and Boston, 2002), 457-485 所収の Risto Uro による素晴らしい論文、"'Who will be our leader?' Authority and Autonomy in the Gospel of Thomas" を参照。また、Richard Valantasis による極めて興味深い作品、*Spiritual Guides of the Third Century: A Semiotic Study of the Guide-Disciple Relationship in Christianity Neoplatonism, Hermetism, and Gnosticism* (Minneapolis, 1991) を参照。

(108) 『ヨハネによる福音書』20:30-31.

(109) 『ヨハネによる福音書』20:28.

(110) Louis Martyn の画期的な研究 *History and Theology in the Fourth Gospel* (Nashville, 1979) によれば、『ヨハネ』九章で述べられている物語は、実際にはヨハネの共同体の物語である。Martyn の有力なテーゼは、他の学者からの批判を受けて訂正が加えられた。批判は特に、いわゆる *birkat ha mininm* の形成と使用に関する前提に集中した。また、*Journal of Ecumenical Studies 18:2* (1981), 231-250 所収の Asher Finkel, "Yavneh's Liturgy and Early Christianity"、*Journal of Theological Studies* 33 (1982) 所収の William Horbury, "The Benediction of the Minim and Early Jewish-Christian Controversy"、E. P. Sanders 編 *Jewish and Christian Self-Definition*, volume II (Philadelphia, 1980), 245-268 所収の Alan F. Segal, "Ruler of This World: Attitudes About Mediator Figures and the Importance of Sociology for Self-Definition"、及び *Harvard Theological Review* 94:3 (2001), 243 ff. 所収の Daniel Boyarin, "The Gospel of the Memra: Jewish Binitarianism and the Prologue to John" を参照。

(111) 『ヨハネによる福音書』1:1-41.

(112) 『ヨハネによる福音書』9:7.

(113) 『ヨハネによる福音書』9:22.

(114) 『ヨハネによる福音書』9:38.

(115) 『ヨハネによる福音書』9:39.

(116) 『ヨハネによる福音書』10:8-9.

(117) 『ヨハネによる福音書』8:58.

(118)『出エジプト記』3:14.

(119)『ヨハネによる福音書』16:2.

(120)『ヨハネによる福音書』3:18.

(121)『コリントの信徒への手紙一』3:4.

(122)『ヨハネによる福音書』1:1-4.

(123)『ヨハネによる福音書』1:5.

(124)『ヨハネによる福音書』1:10.

(125)『ヨハネによる福音書』1:11.

(126)『ヨハネによる福音書』1:14.

(127) Ibid.

(128)『ヨハネの手紙一』1:1.

(129) このギリシア語の単語は単数を強く暗示しており、その用法はパルメニデスの tō ōn の記述にまで遡るということを指摘してくれた同僚の Alexander Nehamas に感謝する。

(130)『ヨハネによる福音書』14:1.

(131)『ヨハネによる福音書』15:12.

(132)『ヨハネによる福音書』15:12-24.

(133)『トマスによる福音書』22, NHL 121.

(134)『ヨハネによる福音書』8:12.

(135)『ヨハネによる福音書』8:23.

(136)『ヨハネによる福音書』8:24.

(137)『ヨハネによる福音書』1:29.

(138)『ヨハネによる福音書』3:5.

(139)『ヨハネによる福音書』6:53-55.

(140) *Resurrection Reconsidered.*

(141) 『ヨハネによる福音書』11:16; *Resurrection Reconsidered*, 100-180. を参照。

(142) 『ヨハネによる福音書』14:3-4.

(143) 『ヨハネによる福音書』14:6.

(144) 『ルカによる福音書』24:33-36.

(145) 『マタイによる福音書』28:10.

(146) 『ヨハネによる福音書』20:24.

(147) 『ヨハネによる福音書』20:19-23.

(148) 『ヨハネによる福音書』20:28.

(149) 『ヨハネによる福音書』20:29.

(150) 『ヨハネによる福音書』21:24-25.

(151) Irenaeus, AH 3.11.1-3.

(152) C. H. Dodd は『ヨハネによる福音書』への脚注において、この点がヨハネのメッセージと「グノーシス主義者」を分つものであると述べている。Dodd にとっては、これこそがヨハネをキリスト教教師として権威ある地位に置くものであった。*Interpretation of the Fourth Gospel*, 97-114, 250-285 を参照。

第3章

本章で要約した研究に関する専門的論議は、*Vigiliae Christianae* 56.4 (2002), 339-371 所収の Elaine Pagels, "Irenaeus, the 'Canon of Truth' and the Gospel of John: 'Making a Difference' Through Hermeneutics and Ritual" を参照。

（1） セオドア・ガスターから直接伺った。ブーバーのフレーズは、彼の著書の標題 *I and Thou* (translated by W. Kaufrnann from *lch und du* and published in New York, 1970)。

（2） Raymond E. Brown, S.J. これは、『グノーシス諸福音書』に寄せられた彼の書評（New York Times,

November 1979）の最後の部分をパラフレーズしたものである。

（3） Tertullian, *Apology* 1.

（4） Ibid., 2.

（5） *Martyrdom of St. Polycarp* 3 f.

（6） Pliny, *Letter* 10.96.3.

（7） *Martyrdom of St. Justin and His Companions*, Recension A, 3.2. The place name has been corrupted in the manuscripts; I follow the reading of Herbert Musurillo, *The Acts of the Christian Martyrs* (Oxford, 1972), 45.

（8） Origen, *Contra Celsum* 3.54.

（9） Tertullian, *Apology* 50.

（10） *Martyrdom of St. Polycarp* 12.

（11） 少なくとも、彼の殉教記の著者は彼を代弁している。同書第八章参照。

（12） Irenaeus, AH 3.3.4.

（13） Ibid.

（14） Polycarp, *Letter to the Philippians* 6.3.

（15） Irenaeus, AH 3.3.4.

（16） タティアノスの通観福音書に関しては、Koester, *Ancient Christian Gospels*, 403-430 を参照。

（17） Irenaeus, AH 3.11.8.

（18） Markus Bockmuehl, "'To Be or Not to Be': The Possible Futures of New Testament Scholarship," *Scottish journal of Theology* 51:3 (1998), 271-306.

（19） *Martyrdom of St. Polycarp* 6-15.

（20） W.H.C. Frend, *Martyrdom and Persecution in the Early Church* (Oxford, 1965; New York, 1967), 5-6.

（21） *The Letters of the Churches of Lyons and Vienne*, 1.10.

（22） Eusebius, *Historia Ecclesiae*, Apollinarius の引用。5.16.5.

（23） Ibid., 5.17.12. この論争の詳細については、Christine Trevett, *Montanism: Gender, Authority and the New*

Prophecy (Cambridge, 1996) を参照。古代の著述家の第1資料は Eusebius の 5.16.1-19.2 の記述である。預言者たちに記せられる言葉については、*Zeitschrift fur Neue Testamenten Wissenschaft* 46 (1955), 109-116 所収の Kurt Aland, "Der Montanismus und die Kleinasiatische Theologie" を参照。

（24） Eusebius, *Historia Ecclesiae* 5.16.17; Aland, *Montanismus*, saying 16.

（25） 『ヨハネによる福音書』16:4. *New Testament Studies* 25 (1978), 113-122 所収の M. E. Boring, "The Influence of Christian Prophecy on the Johannine Portrayal of the Paraclete and Jesus" を参照。また、*Sayings of the Risen Christ: Christian Prophecy in the Synoptic Tradition* (Cambridge, 1982)、及び *Second Century* 6 (1987) 1-18 所収の R. E. Heine, "The Role of the Gospel of John in the Montanist Controversy" を参照。また、*Studia Patristica* 21 (1989), 95-100 所収の彼の論文 "The Gospel of John and the Montanist Debate at Rome"、及び D. E. Groh 及び R. Jewett 編 *The Living Text* (New York, 1985), 73-95 所収の Dennis E. Groh, "Utterance and Exegesis: Biblical Interpretation in the Montanist Crisis" を参照。

（26） Irenaeus, AH 3.11.9. Eusebius, *Historia Ecclesiae* 3.28.1. Dionysios bar Salibi, *Commentary on the Apocalypse* 1 を参照。

（27） *On Modesty*, 21. テルトゥリアヌスについては、Timothy D. Barnes, *Tertullian: A Historical and Literary Study* (Oxford, 1971) を参照。

（28） 啓示の霊媒については、David E. Aune, *Prophecy in Early Christianity and the Ancient Mediterranean World* (Grand Rapids, 1983) を参照。ヴァレンティノスについては、Christoph Markschies, *Valentinus Gnosticus? Untersuchungen zur valentinianischen Gnosis mit einem Kommentar zu den Fragmenten Valentins* (Tübingen, 1992) を参照。

（29） Eusebius, *Historia Ecclesiae* 5.20.4.

（30） 『マルコによる福音書』1:10-11.

（31） 『ルカによる福音書』2:8-13.

（32） 『ルカによる福音書』24:34.

（33） 『使徒言行録』2:17-21. 『ヨエル書』2:28-32.

(34)『コリントの信徒への手紙一』1:1; 15:3-11.
(35)『コリントの信徒への手紙二』12:4.
(36)『ヨハネによる福音書』16:13.
(37)『ヨハネの黙示録』1:10-19.
(38)『使徒言行録』2:1-4.
(39) *Martyrdom of Saints Perpetua and Felicitas* 1.
(40) Muratorian Fragment より。Harnack らはこれを二世紀後半のものと見做していたが、近年の A. C. Sundberg らの進んだ研究では、四世紀とされている。*Studia Evangelica* 4 (1968), 452-461 所収 "Towards a Revised History of the New Testament Canon" を参照。より十全な研究は、Geoffrey M. Hahneman, *The Muratorian Fragment and the Development of the Canon* (Oxford Theological Monographs, Oxford, 1992) を参照。
(41)『使徒言行録』1:9-11.
(42) *Martyrdom of St. Polycarp* 5.
(43) Irenaeus, AH 5.6.1.
(44) Ibid., 2.32.4.
(45) Ibid.
(46) Ibid., 3.11.9.
(47) Ibid., 2.13.8.
(48) Ibid., 1.13.1. この論は、Pagels, *Gnostic Gospels*, 59-61 をある程度パラフレーズしたものである。
(49) Ibid. マルクスの祈りは、『マタイによる福音書』18:10 を暗示する。
(50) Irenaeus, AH 1.13.3.
(51) Ibid., 1.13.4;『使徒言行録』1:17-26 参照。
(52) Irenaeus, AH 1.14.1.
(53) Ibid., 1.14.4.
(54) 最新の論文に関しては、Moshe Idel, *Kabbalah: New Perspectives* (New Haven, 1988) を参照。Idel は、Moses

Gaster らの研究に倣って、マルクスの教えの基盤はユダヤ教の神学と勤行にあると見る。最近の主要な研究としては、Niclas Förster の重要な論文、*Marcus Magus: Kult, Lehre, und Gemeindeleben einer valentinianischen Gnostikergruppe: Sammlung der Quellen und Kommentar* (Tübingen, 1999) がある。

(55) Cf.『創世記』1:3.

(56) Irenaeus, AH 1.14.8.

(57) Ibid., 1.14.1.

(58) ここでエイレナイオスの論は、彼が「聖なる長老」と呼ぶ先人のそれと異口同音である。ibid., 1.1 5.6.

(59) Ibid., 1.18.1.

(60) Ibid., 1.20.1.

(61)『ヨハネのアポクリュフォン』や『真理の福音』について、およびそれらによる「聖典」の解釈については、本書の第四章を参照。グノーシス派の釈義に関する最近の論文としては、たとえば、*Journal of Religion* (1996), 307-327 所収の Pheme Perkins, "Spirit and Letter: Poking Holes in the Canon"、C. W. Hedrick and R. Hodgson 編 *Nag Hammadi, Gnosticism, and Early Christianity* (Peabody, Mass., 1986), 239-255 所収の Harold W. Attridge, "The Gospel of Truth as an Exoteric Text"、*Journal of the American Academy of Religion* 57 (1989), 459-483 所収の Patricia Cox Miller, "'Words with an Alien Voice' : Gnostics, Scripture, and Canon"、*Early Christian Literature* (Louisville, Ky, 1993) 所収の Robert M. Grant, *Heresy and Criticism: The Search for Authenticity*、及び *Journal of Early Christian Studies* 4:2 (1996), 129-146 所収の Louis Painchaud, "The Use of Scripture in Gnostic Literature" を参照。

(62) この論文に関しては本書の第五章を参照。専門論文としては、最近のものでは、*Harvard Theological Review* 87:4 (1994), 395-419 所収の David Brakke, "Canon Formation and Social Conflict in Fourth Century Egypt"、及び彼の *Athanasius and the Politics of Asceticism* (Baltimore and London, 1995) を参照。

(63)『使徒言行録』1:9.

(64)『ヤコブのアポクリュフォン』2:9-15, NHL 30.

(65) Ibid., 2:19-25, NHL 30.

(66) Ibid., 3:35-4:27, 特に 4:19, NHL 31.

(67) Ibid., 5:19-20.

(68) Ibid., 15:6-28. April De Conick の近刊書では、ユダヤ人幻視家の特定の派に属する者に類似する幻視として評価されている。*Seek to See Him* を参照。

(69) 『コリントの信徒への手紙二』12:1-4. *Vigiliae Christianae* 45 (1991), 123-150 所収の April De Conick and Jarl Fossum, "Stripped Before God: A New Interpretation of Logion 37 of the Gospel of Thomas". また、*Aufstieg und Niedergang der Romischen Welt* 2:23:2 (1980), 1333-94 所収の Alan F. Segal, "Heavenly Ascent in Hellenistic Judaism, Early Christianity, and Their Environment" 及び *Paul the Convert: The Apostolate and Apostasy of Saul the Pharisee* (New Haven and London, 1990)、*Harvard Theological Review* 86:3 (1993), 265-292 所収の C.R.A. Morray-Jones, "Paradise Revisited (2 Cor. 12:1-12): The Jewish Mystical Background of Paul's Apostolate, Part 2: Paul's Heavenly Ascent and Its Significance" を参照。主要な批判に関しては、Martha Himmelfarb, *Ascent to Heaven in Jewish and Christian Apocalypses* (New York, 1993)、John J. Collins 及び M. Fishbane 編 *Death, Ecstasy, and Other Worldly Journeys* (Albany, 1995) 所収の "The Practice of Ascent in the Ancient Mediterranean World"、John J. Collins 及び James H. Charlesworth 編 *Mysteries and Revelation: Apocalyptic Studies Since the Uppsala Colloquium, JSP Supplements* 9 (Sheffield, 1991) 所収の "Revelation and Rapture: The Transformation of the Visionary in the Ascent Apocalypses"、Peter Schäfer 編 *Synpose zur Hekhalot-Literatur* (Texte und Studien zum Antiken Judentum 2, Tübingen, 1981)、*Mystik und Theologie des rabbinischen Judentums* (ed., with M. Schlüter, New York, 1992)、及び特に *The Hidden and Manifest God: Some Major Themes in Early Jewish Mysticism* (Albany, 1992) を参照。

(70) 『使徒パウロの祈り』1:6-9, NHL 27.

(71) Ibid., 1:26-34, NHL 28;『コリントの信徒への手紙一』2:9-10. と比較せよ。

(72) Carol Newsom, *Songs of the Sabbath Sacrifice: A Critical Edition* (Atlanta, 1985).

(73) 註(69)の文献を参照。

(74) 『コリントの信徒への手紙二』12:3.

(75) 註(69)の文献を参照。

(76) 『イザヤ書』6:1-5.
(77) いずれにせよ、多くの人は『創世記』5:24 をこのように解釈している。
(78) たとえば『エノク書』を参照。
(79) David J. Halperin, *The Faces of the Chariot: Early Jewish Responses to Ezekiel's Vision* (Tübingen, 1988); Wolfson, Through a Speculum That Shines.
(80) 『ペトロの黙示録』71:15-25, NHL 341.
(81) Ibid., 81.10-82.15, NHL 344.
(82) 『マグダラのマリアによる福音書』8.14-20, NHL 472. 新訳と新説については、近刊予定の Karen King による新版を参照。
(83) 『マグダラのマリアによる福音書』10.1-6, NHL 472.
(84) Ibid., 10.10-25, NHL 472.
(85) Ibid., 17.7-15, NHL 473.
(86) Ibid., 17.19-18.19, NHL 473.
(87) 『エレミヤ書』23:25-32.
(88) 『ゼカリヤ書』9:9.
(89) 『マタイによる福音書』21:6-7.
(90) Justin, *Dialogue with Trypho* 7.
(91) Ibid., 8.
(92) Ibid., 9.
(93) 『イザヤ書』7:14.
(94) Justin, *Dialogue with Trypho* 43.
(95) Irenaeus, AH 1.11.9.
(96) Ibid., 1.10.1.
(97) Ibid., 1.11.8.

第4章

本章に略述した研究に関するより十全かつ専門的な論文については、*Vigiliae Christianae* 56.4 (2002), 339-371所収、Elaine Pagels, "Irenaeus, the 'Canon of Truth' and the Gospel of Jhon: 'Making a Difference' Through Hermeneutics and Ritual" 及び Turner and McGuire, *Nag Hammadi Library After Fifty Years*, 280-294 所収、Pagels, "Ritual in the Gospel of Philip" を参照。また、Pearson, *Future of Early Christianity* 442-452 所収の "The Mystery of Marriage in the Gospel of Philip" および *Johannine Gospel in Gnostic Exegesis* を参照。

（1） T. S. Eliot, "Ash Wednesday."

（2） Irenaeus, AH 1, *Praefatio*.

（3） これらの断片の英訳、及び近年の精細かつ重要な研究については、Christoph Markschies, *Valentinus Gnosticus? Untersuchungen zur valentinianischen Gnosis mit einem Kommentar zu den Fragmenten Valentins* (Tübingen, 1992) を参照。

（4） この詩の表題である *Theros* は、「収穫」「夏の果実」と訳すことができる。ここで挙げた訳題は私自身によるものである。他の翻訳とギリシア語テキストについては、Christoph Markschies, *Valentinus Gnosticus?* 218-259 を参照。また、*Vigiliae Christianae* 51.2 (1997), 158-178 所収の Andrew McGowan, "Valentinus Poeta: Notes on Theros" も参照せよ。

（5） この論文については、Hans von Campenhausen, *The Formation of the Christian Bible*, trans. J. A. Baker, from *Die Entstehung der christlichen Bibel*, first edited in Tübingen, 1968 (Philadelphia and London, 1972), 80-87 を参照。

（6） *Letter to Flora* 5.8.

（7） Irenaeus, AH 3.11.7.

（8） 資料と論文については、Pagels, *Johannine Gospel in Gnostic Exegesis* を参照。

（9） たとえば Irenaeus, AH 1.9.4 を参照。また、*Vigiliae Christianae* 21 (1967), 25-33 所収の R. L. Wilken, "The

Homeric Cento in Irenaeus' *Adversus Haereses* 1.9.4"' A. Rousseau and L. Dautreleau, *Irénée de Lyon contre les Héresies* (Paris, 1965) を参照。

（10） このような教義と解釈に関する優れた研究としては、R. M. Grant の近著 *Heresy and Criticism* を参照。また、Robert Lamberton, *Homer the Theologian: Neoplatonist Allegorical Reading and the Growth of the Epic Tradition* (Berkeley 1986) も参照。

（11） Irenaeus, AH 2.10.1-4.『ヨハネ』冒頭部に関するグノーシス的釈義と教父の釈義の類似に関する優れた論文は、Turner and McGuire, *Nag Hammadi Library After Fifty Years*, 484-498 所収の Anne Pasquier, "Interpretation of the Prologue of John's Gospel in Some Gnostic and Patristic Writings: A Common Tradition" である。

（12） Perkins, "Spirit and Letter," 307-327 を参照。

（13）『ヨハネによる福音書』2:13 f.

（14） Origen, *Commentary on John* 10.4-6. より十全な論文と文献に関しては、Wiles, *Spiritual Gospel*, 96 f. および Pagels, *Johannine Gospel in Gnostic Exegesis*, 66-113 を参照。

（15） Valentinus 2, Clement of Alexandria, *Stromateis* 2.14.3-6 所収（論文に関しては、Markschies, *Valentinus Gnosticus?* 54 ff. を参照）。

（16） Valentinus 7, Hippolytus, *Refutation of All Heresies* 6.42.2 所収。

（17）『真理の福音』29.9-25, NHL 43.

（18） "Dover Beach" の冒頭。

（19）『真理の福音』29.9-25, NHL 43.

（20） Ibid., 30.16-21, NHL 43.

（21） Ibid., 24:5-9, NHL 41.

（22）『マタイによる福音書』18:2-4;『ルカによる福音書』15:3-7.

（23）『コリントの信徒への手紙一』2:7.

（24）『真理の福音』18:24-29, NHL 38.

（25） Ibid., 18.29-34, NHL 38.

(26) Ibid., 16.31-33, NHL 37.
(27) Ibid., 42.1-10, NHL 48.
(28) Ibid., 33.35-34.35, NHL 44.
(29) Ibid., 32.35-33.30.
(30) 『コリントの信徒への手紙一』11:23.
(31) 『ヨハネによる福音書』13:4-5.
(32) 『ヨハネによる福音書』13:7-8.
(33) 『ヨハネ言行録』94.1-4 にある「十字架の輪舞」。近年の編集によるギリシア語テキスト、および仏訳は、E. Junod and J. P. Kästli, *Acta Johannis: Praefatio-Textus, in Corpus Christianorum* (Turnhout, 1983) を参照。ここでは、*Journal of Early Christian Studies* 7:1 (1999), 83-104 所収の Barbara E. Bowe in her article "Dancing into the Divine: The Hymn of the Dance in the Acts of John" にある英訳に従った。
(34) 『ヨハネ言行録』94.9-95.50 より、「十字架の輪舞」。
(35) Ibid., 96.1-15.
(36) Ibid., 95.27-30.
(37) Ibid., 88.12-18.
(38) Ibid., 90.1-17.
(39) 『ヨハネのアポクリュフォン』1.5-17; 既に引用した Frederick Wisse 及び Michael Waldstein 版を参照。また、Harvard University Press から二〇〇三年春に刊行予定の Karen King による『ヨハネのアポクリュフォン』の注釈も参照。
(40) 『ヨハネのアポクリュフォン』1.18-33.
(41) Ibid., 2.9-14.
(42) Ibid., 2.3-10.
(43) この引用の後半は BG 25.14-20 より。『ヨハネによる福音書』1:1-4:10 と比較せよ。
(44) ここでの本書の目的からすれば、著者の同定はさほど重要ではない——何と言っても、不明だからである。

しかしながら、Zeitschrift für Antike und Christentum 4 (Berlin and New York, 2000), 249-254 所収の重要な論文 “New Research on Ptolemaeus Gnosticus” において、Christoph Markschies は伝統的な同定に対して説得力ある反論を展開している。

(45) Irenaeus, AH 1.8.5.

(46) Ibid., 1.9.1.

(47) Ibid., 1.9.2.

(48) Ibid., 1.18.1.

(49) Ibid., 1.9.4.

(50) Ibid., 1.10.1.

(51) ヴァレンティノス派キリスト教徒の洗礼の問題については、かなりの議論を呼び起こしている。論文と文献について、および本章で概略したことの詳細については、Pagels, “Ritual in the Gospel of Philip” を参照。異論については、Einar Thomassons の最近の研究を参照。たとえば Turner and McGuire, *Nag Hammadi Library After Fifty Years*, 251-279 所収の論文 “How Valentinian Is the Gospel of Philip?”。また、Martha Lee Turner, “On the Coherence of the Gospel According to Philip,” 223-250 を参照。また、Peter Lampe による詳細かつ優れた研究、*Die stadtrömischen Christen in den ersten beiden Jahrhunderten: Untersuchungen zur Sozialgeschichte* (Tübingen, 1989) も参照。

(52) Cf.『ヨハネによる福音書』3:5;『フィリポによる福音書』69.4-6, NHL 141.

(53)『フィリポによる福音書』64.22-26, NHL 139.

(54) Ibid., 64.29-31, NHL 139.

(55) Ibid., 79:25-31, NHL 147.

(56) Ibid., 55.23-24, NHL 147.

(57) Ibid., 71.3-15, NHL 143.

(58) Ibid., 52.21-24, NHL 132.

(59) Ibid., 55.30, NHL 134.

(60) Ibid., 56.26-57.23, NHL 134-135. より完全なテキストは、Pagels, “Ritual in the Gospel of Philip” を参照。
(61) 『フィリポによる福音書』57.4-6, NHL 134.
(62) Ibid., 67.26-27, NHL 140.
(63) Irenaeus, AH 1.9.4; 1.10.1.
(64) Ibid., 3.15.2.
(65) Ibid., 1.10.2.
(66) Eusebius, *Historia Ecclesiae* 5.25-26.
(67) Irenaeus, AH 1.11.9. ただし、エイレナイオスがここで言及し、「ヴァレンティノス派」に帰している『真理の福音』が、ナグ・ハマディで発見された同名のテキストと同じものかどうかは確かではない。
(68) Ibid., 1.29.4. ほとんどの学者は、エイレナイオスが AH 1.29.1-4 で略述している教義は、『ヨハネのアポクリュフォン』で述べられていた教義の類のパラフレーズと見做している。
(69) より完全な論文及び文献については、Pagels, “Irenaeus, the ‘Canon of Truth’ and the Gospel of John” を参照。
(70) Irenaeus, AH 1.15.2. テルトゥリアヌスも同様な行為を記述している。だが彼は *Adversus Valentinianos* 1-2 においては、実際にこのような教師たちと会った経験ではなく、エイレナイオスの文献に基づいて書いている。だが、テルトゥリアヌスの議論、たとえば本書の第四章のようなそれは、実際の対話に対する彼の鋭い感覚を物語っている。
(71) 『マルコによる福音書』1:7-8;『マタイによる福音書』3:11;『ルカによる福音書』3:16.
(72) 『マルコによる福音書』10:38.
(73) 『ガラテアの信徒への手紙』4:5-7.
(74) 『真理の福音』45.5-8, NHL 49.
(75) 「十字架の輪舞」、『ヨハネ言行録』96.2-8.
(76) Irenaeus, AH 1.21.1.
(77) Ibid., 1.21.3.
(78) Ibid.; cf.『コロサイの信徒への手紙』3:3.

(79) Irenaeus, AH 1.21.3.
(80) Ibid., 1.21.4.
(81) 『トマスによる福音書』50, NHL 123.
(82) Irenaeus, AH 1.21.4.
(83) Ibid., 4.33.7.
(84) Ibid., 1.21.1.

第5章

(1) Irenaeus, AH 2.13.8.
(2) Ibid., 2.13.10.
(3) Ibid., 2.13.3; 2.13.10. 論文に関しては、Pagels, "Irenaeus, the 'Canon of Truth' and the Gospel of John" を参照。
(4) Irenaeus, AH 3.19.2.
(5) Ibid., 3.19.1.
(6) 『ヨハネによる福音書』20:20-28. Irenaeus, AH 5.7.1 に引用。
(7) Irenaeus, AH 5.1.1.
(8) Ibid.
(9) Ibid., 1.20.1.
(10) 正典及びキリスト教の伝統へのその導入に関しては、困難かつ議論の余地のある問題である。*Harvard Theological Review* 66 (1968), 1-41 所収の "Canon Muratori: A Fourth Century List" において、A. C. Sundberg は、最古の新約諸文書の目録とこれまで考えられて来たムラトーリ正典目録の二世紀という年代に鋭い批判を加えている。入念かつ説得力ある論文としては、Hahneman, *Muratorian Fragment* を参照。この問題に関する優れた標準的見解は、Harold Gamble, *The New Testament Canon: Its Making and Meaning* (Minneapolis, 1985) 及び彼のご厚意で原稿を読ませていただいた、近く発表予定の論文 "The New Testament Canon: Recent Research and the

Status Quaestionis”を参照。新約聖書の形成という問題に関する傑出した入門書は、David E. Aune, *The New Testament in Its Literary Environment* (Philadelphia, 1987) である。また、Franz Stuhlhofer の鋭い研究、*Der Gebrauch der Bibel von Jesus bis Euseb: Eine stätistische Untersuchung zur Kanonsgeschichte* (Wuppertal, 1988) 及び John Barton の *People of the Book? The Authority of the Bible in Christianity* (Louisville, Ky, 1989) も参照。

(11) Irenaeus, AH 1.9.4. 論文に関しては、Adolf von Harnack の *History of Dogma*, volume I, chapter 3 にある the classic discussion of "canon" as baptismal confession を参照。また、R. Seeberg の *Lehrbuch der Dogmengeschichte* I-II (Basel, 1953-54) にある批評、また J. Duculot 編 *Ecriture et Tradition*, Catholic University of Louvain, Dissertation Series 2.25 (Paris, 1933)、281-313 所収の D. van den Eynde の鋭敏な論文 "Les Normes de l'Enseignement Chrétien dans la littérature patristique des trois premiers siècles" も参照。また、*The Second Century* 2 (1982), 201-227 所収の L. William Countryman, "Tertullian and the *Regula Fidei*" も参照。

(12) Irenaeus, AH 3.11.7.

(13) 学者たちは、エイレナイオス以前の諸資料における『ヨハネ』の伝承史に関して議論を繰り広げている。たとえば、Koester, *Ancient Christian Gospels*, 240-267 を参照。以前の論文において、ケスター教授は他の多くの学者たちに同意し、ユスティノスが洗礼について述べている際（I *Apology* 61）に『ヨハネ』三章五節を暗示しており、すなわちこれがユスティノスによる『ヨハネ』およびヨハネ派の伝統への言及であるとしていたが、最近の著書においてケスターはユスティノスのこの言葉を、古い、独立的に伝えられた伝承としている（361）。エジプトで発見された『ヨハネ』の写本については、Colin H. Roberts による *Manuscript, Society, and Belief in Early Christian Egypt* (London, 1979) を参照。T. E. Pollard の *Johannine Christology and the Early Church* によれば、アンティオキアのテオフィロスは第四福音書を「ヨハネ」に帰し、「明瞭に第四福音書から引用した」最初のキリスト教著述家であるという（40）。J. N. Sanders, *The Fourth Gospel in the Early Church* (Cambridge, 1945)、および Maurice F. Wiles, *Spiritual Gospel* 等の重要な研究も参照。

(14) エイレナイオスの手紙へのヨハネ資料の挿入に関しては後の校訂を参照。

(15) 文献に関しては、第三章の註（40）を参照。また、Trevett, *Montanism*, 139-140 を参照。また、*Vigiliae Christianae* 36 (1982), 209-232 所収の Charles H. Cosgrove, "Justin Martyr and the Emerging Christian Community"

も参照。

(16) エイレナイオスがポリュカルポスから聞いたと述べている話によれば、「主の弟子」であるヨハネの不倶戴天の敵であったケリントスのことを、ヨハネは「サタンの惣領」と呼んでいた（AH 3.3.4）。

(17) 最近の論文に関しては、たとえば W. L. Peterson 編 *Gospel Traditions in the Second Century: Origins, Recensions, Text, and Transmission* (Notre Dame, 1989), 135-154 所収の T. Baarda, "Diaphonia-Symphonia: Factors in the Harmonization of the Gospels, Especially in the Diatessaron of Tatian" 参照。また、W. L. Peterson の近著 *Tatian's Diatessaron: Its Creation, Dissemination, Significance, and History in Scholarship* (Leiden, 1994) も参照。

(18) Irenaeus, AH 3.11.1; 3.3.4. エイレナイオスは、プトレマイオスの弟子たちもこれに同意したと述べている（1.8.5）。

(19) Ibid., 3.11.8-9. T. C. Skeat の "Irenaeus and the Four-Gospel Canon," *Novum Testamentum* 34 (1992), 194 に曰く、「四福音書に関する研究の全ては、まさにエイレナイオスの有名な一節に始まる。一八五年頃に書かれたその一節の中でエイレナイオスは、この正典を擁護するために、四という数に神秘的な意味を見出している」。

(20) Irenaeus, AH 3.11.8-9.

(21) エイレナイオスは『ヨハネ』冒頭部への注釈を引用している（1.8.5）。彼はそれをウァレンティノスの弟子プトレマイオスの教えであると述べているが、おそらくプトレマイオスの弟子の手によるものであろう。Markschies, "New Research on Ptolemaeus Gnosticus," 249-254 及び Pasquier, "Interpretation of the Prologue," 484-498 を参照。

(22) Irenaeus, AH 1.9.2-3.

(23) この推論は、明らかに中期プラトン学派の影響を受けたエイレナイオスには理解し得なかったものであるということを思い出させてくれたポーラ・フレドリクセンに感謝する。

(24) 冒頭部分の翻訳に関するより十全な論文については、Pagels, "Exegesis of Genesis 1," 208-209 および Dodd, *Interpretation of the Fourth Gospel*, 268-269 を参照。ハーバート・G・メイとブルース・M・メツガーによる改訂標準訳を始め、多くの英訳が logos（言葉）という単語を大文字にしているのみならず、一章七〜十節の代名詞を「彼」と訳し、それがイエス・キリストを指すものであるかのようにしている。だが元来のギリシア語はその代名詞の指示語を phos（「光」、ギリシア語では中性名詞）と採るか logos（「言葉」、ギリシア語では男性名詞）と採るかによって、中性にも男性にもなりうるのである。ギリシア語版の中にも、たとえば Nestle-Aland 版のように、logos という言葉を大文字にしているものもある。だが古い写本においてはその区別は意味を成さないものであっただろう。

(25) Irenaeus, AH 1.22.1.

(26) Ibid., 4.20.1-10.

(27) Ibid., 4.20.10-11.

(28) Ibid., 5.15.2.

(29) Ibid., 3.11.8.「マタイもまた、［キリストが］人間から生まれたと語っている。曰く（『マタイによる福音書』1:1）……」。

(30) Ibid.「ルカは……彼の祭司としての性格を取り上げている」。

(31) Ibid.「一方マルコはいと高きところから予言の霊が降りるところから始めている」（cf.『マルコによる福音書』1:1）.

(32) Ibid., 3.11.1.

(33) Ibid., 4.7.4.

(34) Ibid., 4.18.4.

(35) Ibid., 17.4-6.

(36) Ibid., 4.18.1-4.

(37) *Harvard Theological Review* 93:2 (2000), 135-159 所収、A. S. Jacobs, “The Disorder of Books: Priscillian’s Canonical Defense of Apocrypha”。また、the Philadelphia Seminar on Christian Origins: Parabiblical Literature, October 10, 2002 における配付資料 A. Reed, “Apocrypha, ‘Outside Books,’ and Pseudepigrapha: Ancient Categories and Modern Perceptions of Parabiblical Literature” も参照。

(38) Irenaeus, AH 4.36.2-4.

(39) Ibid., 5.2.1-2.

（40） Ibid., 5.21-34.
（41） Ibid., 1, Praefatio.
（42） Christoph Markschies による近年の詳細な研究 *Valentinus Gnosticus?* を参照。また、Lampe, *Die stadtrömischen Christen in den ersten beiden Jahrhunderten*, 251-268 も参照。
（43） たとえば、二〇〇〇年八月にピサで配布された資料、Judith Kovacs, "Echoes of Valentinian Exegesis in Clement of Alexander and Origen" を参照。
（44） Tertullian, *Prescription Against Heretics* 5.
（45） これに関する四世紀の現象の鋭敏かつ興味深い論文としては、David Brakke, *Athanasius and the Politics of Asceticism* (Oxford and New York, 1995) を参照。
（46） Tertullian, *Against the Valentinians* 4.
（47） Tertullian, *Prescription Against Heretics* 41.
（48） Irenaeus, AH 3.15.2.
（49） 『出エジプト記』 9:35; Irenaeus, AH 4.28.3-30.
（50） 『創世記』 19:33-35; Irenaeus, AH 4.31.1-3.
（51） William James, *The Varieties of Religious Experience* (Cambridge, Mass., 1985).
（52） 『ヨハネによる福音書』 4:46-53.
（53） 『ヨハネによる福音書』 4:11-23. ヘラクレオンの注釈の断片については、Werner Foerster, *Gnosis, Die Fragments Heracleons* (Zürich, 1971), 63-86 を参照。これらの断片に関する論文は、Pagels, *Johannine Gospel in Gnostic Exegesis* 及びより新しい研究である J. M. Poffet, *La méthode exégétique d'Héracléon et d'Origène* (Fribourg, 1985) を参照。
（54） 『ヨハネによる福音書』 4:16.
（55） Origen's *Commentary on Jhon* 13.15 所収 Heracleon, Fragment 19.
（56） 『ヨハネによる福音書』 4:23、Origen, *Commentary on Jhon* 13.19 所収の Heracleon, Fragments 23-25 を参照。崇拝の「グノーシス的」観点については、Klaus Koschorke, *Die Polemik der Gnostiker gegen das kirchliche*

Christentum (Leiden, 1978)、特に 142-147 を参照。

(57) Frederick Wisse 及び Michael Waldstein, *Apocryphon of John: Synopsis of Nag Hammadi Codices II, 1; III, 1; and IV1, with BG 8502, 2* を参照。また、Turner 及び McGuire 編 *Nag Hammadi Library After Fifty Years*, 154-187 所収の Waldstein による魅力的なエッセイ "The Primal Triad in the Apocryphon of John" 及び Harvard University Press より近刊予定の Karen King の注釈を参照。

(58) 『ヨハネのアポクリュフォン』20.15-25, NHL 110.

(59) 物語のこのヴァージョンについては、『この世の起源について』108-118, NHL 167-174 を参照。

(60) 『ヨハネのアポクリュフォン』26.14-15, NHL 113.

(61) Ibid., 26.15-19, NHL 113.

(62) 『コリントの信徒への手紙一』13:12.

(63) 『ヨハネのアポクリュフォン』30.2-4, NHL 115.

(64) Ibid., 11.20-21, NHL 105.

(65) 『創世記』3:16-19.

(66) 『創世記』5:16b.

(67) 『創世記』3:22-24.

(68) 『ヨハネのアポクリュフォン』28.5-30.11, NHL 114-115.

(69) Irenaeus, AH 4.19.2.

(70) Eusebius, *Vita Constantinae* 1.26-29.

(71) Eusebius, *Historia Ecclesiae* 10.6.

(72) Ibid., 10.5.15-17.

(73) 詳細は Timothy D. Barnes, *Constantine and Eusebius* (Cambridge and London, 1981)、特に 208-227 を参照。

(74) Eusebius, *Historia Ecclesiae* 10.7.

(75) Codex *Theodosius* 19.5.1.

(76) 近く発表予定の論文に、コンスタンティヌスはヴァティカンの聖ピエトロ寺院の最初のバシリカの建造者ではないとするものがある（伝説ではそうなっている）。Glen Bowersock の *Antiquite Tardive* in honor of Lellia Cracco Ruggini 補遺を参照。近刊予定の William Tronzo 編 Cambridge University Press volume on the Vatican にも収録予定。

(77) Eusebius, *Vita Constantinae* 2.45-46. Ramsay MacMullen, *Christianizing the Roman Empire*, A.D. 100-400 (New Haven and London, 1884), 43-59 を参照。また、Barnes, *Constantine and Eusebius* の特に 224-260 を参照。

(78) 穀物の助成については、*Journal of the Economic and Social History of the Orient* 25 (1982), 187-207 所収、M. J. Hollerich, "The Alexandrian Bishops and the Grain Trade: Ecclesiastical Commerce in Late Roman Egypt" を参照。

(79) Barnes, *Constantine and Eusebius*, 252.

(80) Ibid., 252; *Codex Theodosius*, 16.8.6; 16.8.1.

(81) ここで提示した素描は、まず第1に、この当時に関する優れた歴史書をいくつか出版している Timothy D. Barnes の入念な研究に基づいている。*Constantine and Eusebius* の他、より最近の *Athanasius and Constantius: Theology and Politics in the Constantinian Empire* (Cambridge and London, 1993) を参照。この移行を概観できる優れた論文は、*Classical Philology* 81 (1986), 298-302 所収の Glen W. Bowersock, "From Emperor to Bishop: The Self-Conscious Transformation of Political Power in the Fourth Century A.D."。また、Peter Brown の重要な著作、たとえば *Power and Persuasion in Late Antiquity: Towards a Christian Empire* (Madison, Wis., 1992) 及び *Authority and the Sacred: Aspects of the Christianisation of the Roman World* (Cambridge, 1995) を参照。また Susannah Elm, *Virgins of God: The Making of Asceticism in Late Antiquity* (Oxford and New York, 1992) 及び David Brakke, *Athanasius and the Politics of Asceticism* も参照。

(82) Glen W. Bowersock はこれらの出来事に関する優れた概観を提供している。"From Emperor to Bishop" を参照。

(83) J. Stevenson, *A New Eusebius: Documents Illustrative of the History of the Church to A.D. 337* (London, 1957), 358 に引用された書簡。

(84) Eusebius, *Vita Constantinae* 4.24.

(85) Barnes, *Constantine and Eusebius*.

(86) Socrates' *Historia Ecclesiae* 1.8 に引用されたカエサレアのエウセビウスの教会への書簡。思慮深くバランスの取れた論文 Rowan Williams, *Arius: Heresy and Tradition* (London, 1987) を参照。

(87) Barnes, *Constantine and Eusebius*, 215.

(88) MacMullen, *Christianizing the Roman Empire*, 59-119 を参照。また、Stark, *Rise of Christianity* を参照。

(89) カトリック教徒が逸脱と見做した宗派の存続に関しては、Virginia Burrus, *The Making of a Heretic: Gender, Authority, and the Priscillianist Controversy* (Berkeley, 1998) を参照。

(90) Barnes, *Constantine and Eusebius*, 213.

(91) Erik Peterson, *Monotheismus als politisches problem: ein beitrag zur geschichte der politischen theologie im Imperium romanum* (Leipzig, 1935)。後に、*Church History* 20:4 (1951), 3-33, 及び 20:4 (1951), 3-33 に George H. Williams によって "Christology and Church-State Relations in the Fourth Century" として英訳掲載。

(92) この証拠に関する鋭敏な論文は、Susannah Elm, *Virgins of God: The Making of Asceticism in Late Antiquity* (Oxford and New York, 1992) を参照。

(93) Philip Rousseau, *Pachomius in the Age of Jerome and Cassian* (Oxford, 1978) 及び彼の重要な著作 *Ascetics, Authority, and the Church: The Making of a Community in Fourth-Century Egypt* (Berkeley Los Angeles, and London, 1985) を参照。その他、Peter Brown, *Society and the Holy* (London and New York, 1982)、及び *Power, Politics, and Persuasion*、*David Brakke, Athanasius and the Politics of Asceticism*、*Birger A. Pearson* 及び James E. Goerhing, *The Roots of Egyptian Christianity* (Philadelphia, 1980)、*The Making of a Church in Fourth-Century Egypt* (Berkeley; 1985)、Samuel Rubenson, *The Letters of St. Anthony: origenist Theology, Monastic Tradition, and the Making of a Saint* (Lund, 1990)、Richard Valentasis, *Spiritual Guides of the Third Century: A Semiotic Study of the Guide-Disciple Relationship in Christianity, Neoplatonism, Hermetism, and Gnosticism* (Minneapolis, 1991) を参照。

(94) Athanasius, *Festal Letter* 39. 論文については、たとえば Zeitschrift für Theologie und Kirche 81 (1984), 205-207 所収の Martin Tetz, "Athanasius und die Einheit der Kirche: Zur ökumenisches Bedeutung eines Kirchenväters" 及び Brakke, "Canon Formation and Social Conflict" を参照。

(95) アタナシウスが *dianoia* という言葉を釈義の標準という意味に用いていることに関しては、*The John*

Rylands Library 41 (1958-59), 421-429 所収、T. E. Pollard, "The Exegesis of Scripture and the Arian Controversy" を参照。Athanasius, *Or. Contra Ar.* 7 (PG 261)、C. Kannengiesser, *Arius and Athanasius: Two Alexandrian Theologians* (Aldershot, Hampshire, Great Britain, and Brookfield, Vt., 1991) も参照。

(96) Augustine, *On the Incarnation of the Word* 6:1, 13.2, 10.3. また 11.3 では、神は「[人間に] 彼すなわち我らが主イエス・キリストの似姿を分かち与え、彼自身の似姿に従って創造された。この似姿を得るという恩寵により、すなわち、〈父の言葉〉である彼を通じて、彼らが……その主を知り、幸福にして至福なる人生を生きることができるようにである」。

(97) MacMullen, *Christianizing the Roman Empire*, 86. それ以後の改宗の利点については、"Nonreligious Factors in Conversion," 52-59 を参照。また、Stark, *Rise of Christianity* を参照。

(98) 私は Timothy D. Barnes の *Constantine and Eusebius*, 208-260、"The Constantinian Reformation," Crake Lectures, 1982 (Sackville, 1986)、及び *Eusebius, Judaism, and Christianity* (Detroit, 1992), 655-657 所収 "The Constantinian Settlement" が説得力あると思う。

(99) Jacob Burckhardt の古典的著作は、伝統的な観点を示している。また、Eduard Schwartz, *Zur Geschichte des Athanasius* (Berlin, 1959)、*Kaiser Constantin und die christliche Kirche* (Leipzig, 1936)、及び *Zeit Constantins des Grosses* (Leipzig, 1880) を参照。

(100) たとえば Brown, *Power and Persuasion*; Richard Lim, *Public Disputation, Power, and Social Order in Late Antiquity* (Berkeley 1995)、Averill Cameron, *Christianity and the Rhetoric of Empire* (Berkeley Los Angeles, and Oxford, 1991)、Virginia Burrus, *"Begotten, Not Made": Conceiving Manhood in Late Antiquity* (Stanford, 2000) を参照。

(101) これを指摘してくれた友人にして同僚の Heinrich von Staden に感謝する。キリスト教神学における「信仰の力学」については、たとえば Paul Tillich, *The Dynamics of Faith* (New York, 1957) を参照。仏教的（ゆえに非一神教的）視点については、Sharon Saltzberg, *Faith: Trusting Your Own Deepest Experience* (New York, 2002) を参照。

(102) Tertullian, *Against the Valentinians* 4.

(103) Peter Berger, *The Heretical Imperative: Contemporary Possibilities of Religious Affirmation* (New York, 1979).

(104)『マタイによる福音書』7:7.「異端者」によるこの言葉の使い方（私が本書でやったようなこと）に対するテルトゥリアヌスの反論は、*Prescription Against Heretics* 8-13.

訳者あとがき

『禁じられた福音書』という標題をご覧になって、あなたはどのようなことをお感じになったでしょうか。

そもそも「福音書」と言えば、世界最大の宗教のひとつであるキリスト教の開祖、イエス・キリストの事績を記した聖典であり、『マタイ』『マルコ』『ルカ』『ヨハネ』の四種類があって、そのいずれもが世界最大のベストセラーである「聖書」の中に収められ、全世界の津々浦々に至るまで普及しています。「禁じられた」どころの話ではありません。

しかし実際には、私たちのよく知る四つの福音書が、「正統な聖典」すなわち「正典」として新約聖書に組み込まれたのはイエスの死後数百年も経ってからのことであり、それ以前には、四福音書とは全く異質な福音書が、多数存在していたのです。そしてそれらは、四福音書の正典化の陰で異端の書として弾圧され、キリスト教の歴史の上から抹殺されてしまいました。本書の邦題として採用した「禁じられた福音書」とは、そのような「異端」の烙印を捺された、一般に馴染みのない福音書群を指しているのです。

これらの「禁じられた福音書」の現物は遠い昔にそのほとんどが破棄されてしまった為、長い間、これに批判を加えた教会教父たちの文書を通じてしか接するすべはありませんでした。ところが一九四五年十二月、ほとんどあり得ない奇蹟のような事件が起こります。エジプト南部のナグ・ハマディという街の近郊の洞窟から、壺中に封入された四世紀のものと思われる五十二編にも上るパピルス文書が発見されたのです。そしてその中には、ここで言う「禁じられた福音書」の現物を初めとして、歴史の上から抹殺されていた貴重な文書が数多く含まれていたのでした。

これが、二〇世紀最大の発見と呼ばれる「ナグ・ハマディ文書」です。

「ナグ・ハマディ文書」は、発見から三十二年後に当たる一九七七年に原典のファクシミリ版の公刊が完結し、同年の内に英訳版が、そして一九九八年には岩波書店から邦語版（全四巻）が出版されていますから、現在では誰でも気軽に読むことが出来るようになりましたが、何と言っても我が国においてその存在を広く一般に知らしめたのは、本書の著者エレーヌ・ペイゲルスによる『ナグ・ハマディ写本』（白水社、一九八二年）の功績であると言えるでしょう。

本書はその『ナグ・ハマディ写本』から二十年を経て、その間の研究の大幅な進捗を踏まえつつ、「禁じられた福音書」の実像について、そしてキリスト教という一大思想運動の成立とその意味について、一般の読書家向きに極めて解りやすくかつ興味深く説かれたものです。著者曰く、「『ナグ・ハマディ写本』の出版以後に行なわれた全世界の学者による研究のおかげで、同書がキリスト教史のいわばラフなスケッチとして描き出そうとしたものが、今ではまるで電子顕微鏡で見た画像のように見ることができるようになっている――つまり、遙かに鮮明で、詳細で、精確に見えるようになったのだ」。まさにその通り、本書は『ナグ・ハマディ写本』以後の研究の動向を知る上でも、好個の入門書と言えるでしょう。

新約聖書の中核を成す四福音書の中でも、『マタイ』『マルコ』『ルカ』の三書はだいたい同じような内容と観点を共有しているという意味で「共観福音書」と呼ばれています。しかし詳細に読み比べてみると、「共観」と呼ばれる三書の記述の中にすら既に重大な異同があり、そしてその異同の中に、それぞれの書を生み出した、また奉じた党派の立場や主張の違いを読み取ることが出来ます。まして「共観」の中に含まれない『ヨハネ』や、本書で扱う「禁じられた福音書」となれば、その違いの大きさは言うまでもありません。

ラディカルな政治的・宗教的煽動者であった（と思われる）ナザレのイエスが、そのラディカルさゆえに時の権力によって処刑された後、残された弟子たち（あるいは、パウロのように、直接の弟子ではなかった信徒たち）はそれぞれにこの衝撃的なイヴェントの意味を必死に合理化しようとし、それぞれのキリスト解釈を生み出して行きました。その結果として作り出されたのが、生前のイエスの活動や語録を編纂したさまざまな福音書群です。そしてそれぞれの福音書は、それを生み出した各宗派の思想や解釈を具現化するものでした。

つまり、誤解を恐れずに単純化して言うなら、四福音書が正典化される以前には、一口に「キリストの信徒」と言っても、その思想は文字通り百花繚乱、百家争鳴のカオス状態にあったわけです。

そのような、いわば豊穣なカオスの森を伐採し、ただ四本の柱（四福音書）だけを残して、その上に現在に連なるキリスト教の伽藍を建立しようとしたのが、エイレナイオスらの護教家でした。過酷な弾圧に曝されていた当時の彼らにとって、それはキリスト教という運動の生き残りのために不可欠な作業と考えられたのでしたが——それでは何故、どういう基準によって、彼らは伐採すべき雑木と、残すべき柱とを見分けたのか。そしてそのことが、キリスト教にとって、人類の歴史にとって、ひいては今を生きる私たちにとって、どういう意味を持っていたのか。そうした問題に正面から取組み、実に明晰かつ理路整然と解き明かしているところに、まず本書の第一の魅力があります。

とはいうものの、本書は決して学術書ではありません。学者という一種の超然とした立場を堅持する一方で、著者ペイゲルスは、一人の人間として、母親として、直面した人生の苦悩を赤裸々に語り、その苦悩の中で知ることとなった宗教の持つ力を誠実に告白します。キリスト者であるということが、単に信経や福音書の内容を頭から盲信することとイコールであるなら、著者ペイゲルスは厳密にはキリスト者とは言えなくなってしまうかもしれません。とはいうものの、著者がキリスト教信仰というものに如何に誠実に向かい合い、その力を実感しているかということは、本書をお読みの方ならどなたもご理解いただけることでしょう。本書の原題は『信仰を越えて――隠されたトマスの福音書』(Elaine Pagels, *Beyond Belief: The Secret Gospel of Thomas*, Random House, New York, 2003) ですが、それは現在知られているキリスト教の教義を越えた『トマス』を初めとする「禁じられた福音書」の思想を意味していると同時に、「ただひとつの信仰体系」を盲信するという態度を超えたところにある普遍的な宗教体験を暗示していると思われます。

最後になりましたが、本書の翻訳に当たって、原則として本文中に引用されている聖書本文に関しては日本聖書協会発行の新共同訳聖書に、またナグ・ハマディ文書に関しては岩波書店刊の「ナグ・ハマディ文書」に依拠しましたが、一部表記の点や英文の文脈上で必要と思われる箇所については適宜変更を加えたことをお断りしておきます。

二〇〇五年如月

訳者識

索引

タ行

ナ行

ハ行

マ行

ヤ行

ラ行

エレーヌ・ペイゲルス　Elaine Pagels
オクスフォード大学とハーヴァード大学で初期キリスト教史を学び、ハーヴァード大学にて博士号を取得。プリンストン大学宗教学部教授。『ナグ・ハマディ写本：初期キリスト教の正統と異端』（邦訳、白水社）で全米図書賞・全米図書批評家賞受賞。『悪魔の起源』（邦訳、青土社）、『アダムとエバと蛇』（邦訳、ヨルダン社）など著作多数。

松田和也（まつだ　かずや）
翻訳家。主な訳書に J. D. クロッサン『誰がイエスを殺したのか』、E. ペイゲルス『悪魔の起源』、R. H. ロビンズ『悪魔学大全』、P. エプスタイン『カバラーの世界』、S. ドゥーナン『ワッキー・チックス』、J. キヴォーキアン『死を処方する』、R. ラジュリー『精神活性物質の事典』（以上、青土社）他多数。

禁じられた福音書——ナグ・ハマディ文書の解明

2005年3月25日　第1刷発行
2012年9月25日　第3刷発行

著者———エレーヌ・ペイゲルス
訳者———松田和也
発行者——清水一人
発行所——青土社
東京都千代田区神田神保町1－29市瀬ビル〒101-0051
［電話］03-3291-9831（編集）　03-3294-7829（営業）
［振替］00190-7-192955
印刷所——ディグ（本文）／方英社（カバー・表紙・扉）
製本所——小泉製本

装幀———高麗隆彦

ISBN4-7917-6170-7　　Printed in Japan